Ingrid Riedel
Geschmack am Leben finden

Ingrid Riedel

# Geschmack am Leben finden

Erfüllte Momente entdecken

Patmos Verlag

Die Verlagsgruppe Patmos ist sich ihrer Verantwortung gegenüber unserer Umwelt bewusst. Wir folgen dem Prinzip der Nachhaltigkeit und streben den Einklang von wirtschaftlicher Entwicklung, sozialer Sicherheit und Erhaltung unserer natürlichen Lebensgrundlagen an. Näheres zur Nachhaltigkeitsstrategie der Verlagsgruppe Patmos auf unserer Website www.verlagsgruppe-patmos.de/nachhaltig-gut-leben

Bibliografische Information der Deutschen Nationalbibliothek
Die Deutsche Nationalbibliothek verzeichnet diese Publikation in der Deutschen Nationalbibliografie; detaillierte bibliografische Daten sind im Internet über http://dnb.d-nb.de abrufbar.

Umschlaggestaltung: Finken & Bumiller, Stuttgart
Umschlagabbildung: Anna Sedneva / shutterstock
Gestaltung, Satz und Repro: Reemers Publishing Services GmbH, Krefeld
Druck: GGP Media GmbH, Pößneck
Hergestellt in Deutschland
ISBN 978-3-8436-1422-1

# Inhalt

# Vorwort

*Von deinen Sinnen hinausgesandt*
*Geh bis an deiner Sehnsucht Rand*[1]
RAINER MARIA RILKE

So beschreibt Rilke in seinem Stundenbuch, wozu der Mensch aufgerufen ist: Von seinen Sinnen aufgefordert und wie beauftragt hinauszugehen in die Welt, ins eigene Leben hinein, in eine offene Weite hinein, deren Grenzen nur von der Sehnsucht überhaupt erahnt werden können: der Sehnsucht nach einem erfüllten Leben. Das ist das Besondere an der Sehnsucht, von der Rilke hier spricht, dass sie von den Sinnen ausgeht: Geh hinaus in die Wirklichkeit der Welt, begegne ihr sehend und hörend, riechend und schmeckend, sie berührend und dich von ihr berühren lassen – um zugleich dir selbst zu begegnen in all den Gefühlen, die dadurch ausgelöst werden. Hole die Welt in dich hinein, indem du sie wahrnimmst und erfährst mit allen deinen Sinnen. So wird sie auch Innenraum.

Als ich im Jahr 2004 meine Gedanken zu diesem Thema für die Erstauflage dieses Buches sammelte, war man in meinem beruflichen Umfeld – der Psychotherapie im Rahmen der Tiefenpsychologie – wenig darauf eingestellt, den Zugang zu dem, was das Leben erfüllen kann, über die Sinneswahrnehmung zu suchen, vielleicht, weil dieser Zugang als zu einseitig „extravertiert" erschienen wäre.

Diese Einstellung ist inzwischen im Wandel begriffen. Eine Erkenntnis der Neurowissenschaft lässt sich in ihren Konsequenzen nicht mehr übersehen: Sind doch unsere Sinneswahrnehmungen mit dem limbischen System unseres Gehirns verknüpft. Lösen die körperverbundenen Emotionen doch unmittelbar Gefühle aus, sobald wir sie verspüren, und verbinden sich so mit allem, was uns im Leben etwas wert ist. Über die Sinne holen wir die Außenwelt in unsere Innenwelt hinein.

7

Sie wird mit unserer inneren Welt verbunden. „Ich fühle, also bin Ich"[2], so betitelte der bedeutende Vertreter der affektiven Neurowissenschaft, Antonio Damasio, eine seiner bahnbrechenden Veröffentlichungen über eben diese Zusammenhänge.

„Von unseren Sinnen hinausgesandt" lade auch ich mit diesem Neuentwurf des Buches dazu ein, unserer Sehnsucht nach einem erfüllten Leben mit allen Sinnen weiter zu folgen.

*Ingrid Riedel*

# Einleitung

Geschmack am Leben finden: Gibt es überhaupt etwas, das wir einem Menschen mehr wünschen? Wie aber kommt man auf diesen Geschmack? Und wie kann man ihn wiederfinden, wenn er verloren gegangen wäre?

Suchende, die von weit hergekommen waren, um den berühmten Philosophen Heraklit nach den Möglichkeiten, glücklich zu werden, zu befragen, fanden diesen zu ihrer Überraschung in der Küche seines Hauses vor, wohin er sie einlud. Als er deren Verblüffung bemerkte, beruhigte er sie mit der Bemerkung: „Auch hier sind die Götter." Wenn wir danach fragen, wie wir Geschmack am Leben bekommen oder – vielleicht nach einer großen Enttäuschung – wiederbekommen können, sollten wir den Gang in die Küche nicht scheuen, sollten wir nicht so tun, als wäre er banal: Vielleicht findet sich da doch etwas, was uns, auch nach durchwachter Nacht, wenigstens ein bisschen (also für einen Bissen) wieder schmecken könnte.

Bot mir doch ein lieber Mensch, als ich mitten in der Nacht mit einem Albtraum erwachte, einfach einen Apfel an, der mich, als ich herzhaft hineinbiss, rasch wieder zu mir brachte.

Riechen und schmecken: Zwei elementare Zugänge zum „Geschmack am Leben"! Auch weil die entsprechenden Geschmacks- und Riechvorgänge direkter als alle anderen Sinneswahrnehmungen mit den emotionalen Zentren unseres Gehirns – dem limbischen System – verschaltet sind, möchte ich sie in diesem Buch mit meinen Leserinnen und Lesern gemeinsam wiederentdecken, dazu die übrigen elementaren Wahrnehmungsvorgänge, die des Hörens, die des Sehens und, last not least, den allerursprünglichsten, die des Berührens, den Tast- und Streichelsinn, das Organ der Zärtlichkeit.

Hiermit beginnt für das Kind die Entdeckung der Welt; hierin lässt sie sich wiederentdecken. Auch von dem Erwachsenen lässt sie sich wiederentdecken, selbst nach einer Verstörung oder einer Entfremdung von den Sinnen, die oft eine Entfremdung von den Emotionen, von den warmen, starken und tiefen Gefühlen ist, was sich in dem viel beklagten Gefühl einer „inneren Leere" äußert. Dann ist der Geschmack am Leben gründlich verloren.

So möchte ich denn in diesem Buch mit einer Entdeckungsreise durch die fünf Sinne beginnen – für viele wird es hoffentlich eine Wiederentdeckungsreise sein – und dabei zu erkunden suchen, ob es nicht auch auf dem Wege der fünf Sinne Zugänge zum Sinn zu gewinnen gibt. Der Sinn ist schon in Sicht, wenn es uns gelingt, den „Geschmack am Leben" grundsätzlich wiederzugewinnen, dasjenige am Leben, was uns schmeckt.

Von hier aus könnte auch ein Weg zum Glück in diesem Leben führen, den ich in einem eigenen Kapitel bedenken möchte, damit diejenigen, die aufgebrochen sind, das Glück zu finden, sich nicht mit den guten Düften und Geschmäckern, die in der Küche vorzufinden sind, begnügen müssen. Zudem will ich hierbei auf die Beschreibung einiger hirnphysiologischer Zugänge zum sensorischen Erleben des Glücks nicht verzichten.[3]

Über die Sinne führt der Weg nicht nur direkt zum emotionalen Erleben des Menschen, sondern auch zu seinem Selbsterleben, dazu, dass jeweils ich selbst es bin, die riecht, schmeckt, hört, sieht und schließlich die Welt berührt und zuinnerst von ihr berührt werden kann. Denn wenn ich zuinnerst berührt und von daher fähig werde, auch andere anzurühren: Dann bin ich im Leben angekommen, bin wieder auf den Geschmack gekommen, zu leben.

Über die Sinne kann ein Mensch wieder zu sich kommen, auch wenn er sich verloren hat. Über die Sinne kann ein Mensch wieder in Übereinstimmung mit sich selbst und mit seiner lebendigen Leiblichkeit gelangen. Was würden wir einem Patienten – falls wir beruflich als Ärzte oder Psychotherapeuten arbeiten – dringender wünschen, als dass er den „Geschmack am Leben" wiederfindet, den er wegen physischer oder psychischer Beschwerden verloren hat, der ihm oder ihr „vergällt" wurde – auch dies ein Ausdruck des Schmeckens –, vielleicht im Moment so sehr, dass er sein ganzes Leben am liebsten loshaben möchte.

Die Selbstentfremdung von der eigenen Körperlichkeit mit ihren fünf Sinnen kann so weit gehen, kann so qualvoll sein, dass Menschen sich selbst Verletzungen zufügen, nur um sich wieder spüren und wieder zu sich selbst kommen zu können. Auch manche extreme Sportart dient diesem Sich-wieder-spüren-Lernen in den eigenen entfremdeten und abgestumpften Sinnen. So mag es uns nicht verwundern, dass man mit solchen Menschen, die früh in ihrem Selbsterleben gestört sind, aus therapeutischen Gründen zum Beispiel Drachenfliegen oder Windsurfen übt, um sie im Erleben von Wind und Wasser, diesen tragenden und zugleich herausfordernden Elementen, wieder erfahren zu lassen, was Geschmack am Leben sein kann. Das Erlebnis des Schwebens über den Elementen, die Erprobung des Gleichgewichtssinnes kommt hinzu und kann den Menschen auch innerlich wieder ins Gleichgewicht bringen.

So versuche ich letztlich, den „Geschmack am Leben" als ein Sensorium zu verstehen, das auf einen „Sinn fürs Leben" überhaupt übertragbar ist: als einen zentralen Wert, den ich als Therapeutin meinen Patienten, darüber hinaus aber allen meinen Mitmenschen neu ans Herz legen will. Aus diesem Zielwert „Geschmack am Leben" ergeben sich bei näherem Hinsehen nicht nur hedonistische, sondern auch ethische Konsequenzen – so wie es schon für die frühe griechische Philosophie, für die Anfänge des Nachdenkens über Lebenskunst galt.

Wollen wir vom Bild des Essens ausgehen, dann werden wir den Geschmack am Leben am stärksten nicht als einsame Genießer, sondern am Tisch mit Familie oder mit Freunden empfinden. Geschmack am Leben zu haben setzt voraus, Mitmenschen zu haben, von Beginn an – hoffentlich – Eltern, die uns großgezogen, ernährt und beschützt, die uns als Kind zärtlich berührt haben und von uns zärtlich berührt worden sind, wie wir es später im Austausch mit Freunden und Freundinnen, Partnerinnen und Partnern selbst erfahren und tun.

So ging es allen von der Coronakrise Betroffenen – uns allen – empfindungsmäßig sehr nahe und sehr tief, als wir erlebten, worauf wir alles an sinnenhafter Berührung wegen der hohen Ansteckungsgefahr verzichten mussten: auf vertraute Nähe am Tisch, aber schon beim Ankommen am Eingang des Hauses auf das gewohnte Händeschütteln, die Umarmungen und die Begrüßungsküsschen mancher Art. Hier spürten wir, was uns diese sinnenhaften Kontakte und Berührungen wert sind, auch zur Erfahrung unserer selbst und in unserer Bezogenheit zu anderen. Unter einer wachsenden sozialen Isolierung litten zahlreiche Menschen während dieser Krisenzeit so sehr, dass es darüber manchmal zu einer Entfremdung von sich selbst kam, die große Angst auslösen und diesen Menschen den Geschmack am Leben gänzlich vergällen konnte.

Auch ist es eigentlich nicht möglich zu genießen, wenn man andere danebenstehen sieht, die hungern. Die Bereitschaft, den Geschmack am Leben zu teilen, soweit wir es vermögen – materiell und geistig –, liegt in der Konsequenz dessen, dass wir jedem Mitmenschen den „Geschmack am Leben" nur wünschen können: Nur dann wird es der Geschmack an einem *guten* Leben sein.

So ist auch der Einbruch des Ukraine-Krieges für zahlreiche Menschen dort, aber auch hier ein Grund, den Geschmack am Leben gründlich infrage zu stellen. Dass die Getreideernte eines Landes nicht zu den Hungernden in anderen Ländern transportiert werden kann wegen Zerstörung und Blockierung der Häfen und weil, weit darüber hinaus, die körperliche Unversehrtheit, ja das Leben und Überleben wohl Hunderttausender von Menschen infrage gestellt wird um der Gebietserweiterungswünsche eines Imperiums willen, das ist mit dem Geschmack und dem Sinn des Lebens von uns allen heute nicht mehr zu vereinen.

Einer deutschen Familie in Potsdam schmeckte es erst dann wieder, als sie einer geflüchteten Musikergruppe von fünf Ukrainerinnen und Ukrainern ein gemeinsames Abendessen ermöglichte, die sie in ihr altes, nach dem Tod des Vaters leer stehendes Elternhaus aufgenommen hatte – in das Haus, das sie eigentlich hatten verkaufen wollen. Jetzt war da mit der Aufnahme dieser geflüchteten Menschen das Leben und der Geschmack am Leben für sie selbst wieder eingekehrt.

Dieses Buch will dazu beitragen, den Geschmack an einem guten Leben zu gewinnen – oder ihn doch wiederzugewinnen, allem Entgegenstehenden zum Trotz –, um ihn vielleicht sogar noch ein wenig zu verfeinern, um die Frage nach dem Sinn nicht aus den Augen zu verlieren.

„Sinn" kommt vom mittelhochdeutschen „sinnan" und bedeutet: fahren, gehen, streben. Dabei handelt es sich um eine zielgerichtete Fortbewegung, die um ihrer selbst willen geschieht. Sinn entsteht also aus all den Erfahrungen des Fahrens, des Reisens, der Erkundungen, der Entdeckungen. Es sind aber nicht nur die Funde, die wir nach der Reise mit nach Hause nehmen können, worin der Sinn einer Reise besteht. Der Weg ist auch hier das Ziel. Leben besteht darin, unsere fünf Sinne zu gebrauchen, um Begegnung mit der Welt zu erfahren, das Echo dieser Begegnungen in unseren Emotionen, unserer Psyche und unserem Geist wahrzunehmen. Das heißt, auf den Geschmack am Leben überhaupt zu kommen, von den Sinnen gleichsam zum Sinn.

Nimmt man noch die Bedeutung des Wortes „sinnen" hinzu, nämlich, den Sinneseindrücken als Erfahrungen nachzugehen, so gilt es, die Welt durch eine veränderte und vertiefte Wahrnehmung sinnhaft zu erfahren: „Im Universum werden die tausend kleinen, verwunderten Stimmen der Erde laut", so lässt Camus im *Mythos von Sisyphos* seinen auf den ersten Blick so tragisch gestraften Protagonisten schließlich wieder erfahren, „seine Umgebung, die ihm unter dem Druck der absurden Verhältnisse als eine tote Einöde erschien, belebt sich wieder aufgrund einer veränderten Wahrnehmung".[4]

Dieses Buch will also vor allem anderen zu einem bewussten Umgang mit den Sinnen anregen und die Freude daran noch vertiefen, bis dahin, dass wir letztlich auch die Erfahrung von Sinn damit verbinden können. Dies reicht vom erfüllten Augenblick bis zur Erfahrung sinnhafter Existenz überhaupt. Und es ereignet sich innerhalb einer differenzierten Körperlichkeit, zu der alle damit verbundenen Sensoren der Wahrnehmung gehören.

Die Gedanken zu diesem Buch verdanken sich einer Reihe von Seminaren (vor allem im Rahmen der Internationalen Gesellschaft für Tiefenpsychologie (IGT)), in der ein bewusster Umgang mit den Sinnen gemeinsam mit den Teilnehmerinnen und Teilnehmern bedacht und auch erprobt wurde, sodass vor allem die miteinander ausgetauschte Erfahrung in Erzählung von Erlebtem und spontanem Einfall den Modus des Gesprächs bestimmte, in den die Reflexion bereits vorliegender Forschungsergebnisse von Fall zu Fall einbezogen wurde.

Die Literatur zu dem Themenkreis bezieht sich zunächst auf die Zugänge zu den Sinnen, wie sie seit den Jahrzehnten nach der zweiten Jahrtausendwende wachsend entdeckt und weiter beforscht wurden. Sie haben – seit der Erstauflage dieses Buches damals – ihre Gültigkeit und Relevanz bis heute nicht verloren, auch wenn sich weitere Differenzierungen laufend ergeben. Die Bedeutung der Sinne für Behandlung und Therapie bestimmter physischer und auch psychischer Störungen wird weiter erkannt und weiter erschlossen, sodass ich auf die hierzu erscheinende Literatur an vielen Stellen nur hinweisen kann.

# RIECHEN:
## Vom Duft des Lebens

Hochsommerliche Rosenblüte auf der Insel Mainau.[5] Ich mache der still gewordenen Insel, die tagsüber von Besuchern überfüllt war, einen Abendbesuch. Schon befeuchtet Tau die Wiesen, wie ich es an meinen Füßen in den offenen Sandalen spüre, doch ist es angenehm nach der Hitze des Tages. Der Duft von Gras, irgendwo gemäht, und von warmer, feuchter Erde steigt in den Abend auf. Bei sinkender Sonne werden alle Farben mit rötlichem Licht übergossen und glühen darin auf.

Die Rosen! Auf hüfthohen lockeren Sträuchern duften sie mir entgegen, purpurn und altrosa, auf schulterhohen Stöcken, gelb und weiß, prall gefüllt und offen mit weit ausgebreiteten Blütenblättern, umgeben von Knospen und Aberknospen. Um ihren Duft einzuatmen, beuge ich mich über sie, bis ich ganz darin eintauchen kann. Nie atmen wir tiefer ein, als wenn wir einen Duft genau wahrzunehmen suchen, als wenn ein Duft uns beglückt. Und nun beginne ich das Spiel: Welche der Rosen duftet wohl am feinsten, am frischesten, welche am fülligsten? Was ist die Duftnuance, die eine soeben aufgeblühte von einer voll erblühten Rose unterscheidet? Und gibt es nicht noch einmal eine feine Veränderung in der Intensität, wenn der Duft einer leise welkenden Blüte entströmt?

Wonach duften die Blüten? Unsere Sprache hat keine eigenen Worte dafür, das Rosenaroma ist mit nichts anderem vergleichbar als mit sich selbst. Eine Rose also bei ihrem Eigennamen benennen! An diesem Abend auf der Insel Mainau tauche ich, von Rosenblüte zu Rosenblüte kostend, in eine wahre Symphonie von Düften ein.

Wie passt doch dazu das spontane Gespräch mit der jungen Frau, die sich mir – auch eine der späten Besucherinnen der

Insel – bei diesem Abendspaziergang über die duftende Mainau angeschlossen hat. Das Gespräch darüber, dass wir, wenn wir Düfte wahrnehmen, immer mehr im Jetzt zu leben lernen, im Duft und in der Schönheit solcher Augenblicke, die wir nur aufnehmen und wahrnehmen, wenn wir sie in dem Moment aufnehmen, in dem sie uns gegeben sind. Dann aber unverlierbar. Jetzt gilt es, den Duft dieser Rosen wahrzunehmen, auszukosten, der sich im kühleren Hauch nach dem heißen Tag in besonderer Reinheit entfaltet, während die Sonne schon am Sinken ist. Bei Einbruch der Dunkelheit werden wir die Insel verlassen müssen. Und morgen, übermorgen sind wir schon nicht mehr da, an einem anderen Ort, und auch diese Rosen und ihr Duft werden sich schon wieder verändert haben.

Ich füge unserem Gedanken über das Jetzt des Duftens und Riechens noch hinzu, dass ich dieses Sein im Jetzt mit den Jahren immer besser erlernt habe, gerade auch im Wachwerden für die vergehenden Düfte, die des Frühlings z. B., und die begrenzte Lebenszeit, die wir Menschen haben. Wann soll denn das Leben stattfinden, wenn nicht jetzt – jeweils jetzt? Früher hatte ich öfters das eine, das heute hätte gelebt werden können, verschoben und aufgespart, um vermeintlich weiter reichender Pläne und Ziele willen, nach deren Erreichung ich glaubte, alles nachholen zu können. Dies gelang aber nur zum Teil oder gar nicht. Diese ganze Einstellung, vieles aufzusparen und aufzuschieben, erscheint mir heute als nicht ganz lebensgerecht.

Gewiss wird man sich nicht während einer knappen Prüfungsvorbereitungszeit zu einer Fernreise verführen lassen, wohl aber zu einem Abendspaziergang unter Bäumen und vielleicht entlang an duftenden Gärten. Warum sollte man sich dies entgehen lassen? Es wird zum tieferen Durchatmen verführen nach dem langen Sitzen am Tag, bei dem Lunge und Zwerchfell vielleicht recht eingezwängt waren, und wird gewiss auch den Geist wieder freier und aufnahmefähiger machen. Wie wir heute wissen, sind Geruchssinn und Gedächtnis im Gehirn eng miteinander verbunden. Dies kann nachdenklich machen. Besonders das Gedächtnis für emotional besetzte Erlebnisse ist oft mit Geruchserinnerungen verknüpft, mit genau der Region, die man früher als das „Riechhirn" bezeichnete. Heute gebraucht man den umfassenderen wissenschaftlicheren Begriff des „olfaktorischen Kortex".

In diesem Moment sagt die junge Frau, die mit mir durch den Abend geht: „Ja, eben wegen dieser größeren Fähigkeit, im Jetzt zu leben, bin ich gerne mit älteren Menschen zusammen, die das oft schon ganz gut können."

Gemeinsam nehmen wir nun den äußeren Weg am See, auf dem Rückweg von der Insel zum Bootssteg. Die Abendbrise trägt uns den unnachahmlichen, feuchtwürzigen Geruch einer so weiten Wasserfläche in die Nase, wie es der Bodensee ist, der uns nun zur Linken liegt und leise heranrauscht.

Ich muss noch darüber nachdenken: Geruchssinn und Gedächtnis sind also nahe miteinander vernetzt. Dazu fällt mir Isabel Allendes Romanfigur aus *Fortunas Tochter* ein. Eliza Sommers verfügt über zwei hervorstechende Fähigkeiten: ein gutes Gedächtnis und ein ausgezeichnetes Geruchsvermögen. Wusste die Schriftstellerin um diesen engen Zusammenhang, wie er der heutigen Hirnforschung bekannt ist, oder hat sie ihn selbst an bestimmten Menschen beobachtet? Wir erinnern uns auch an den Romanhelden von Marcel Proust aus *Die Suche nach der verlorenen Zeit*, dem über dem Geruch bzw. Geschmack der Petite-Madeleine-Küchlein, aufgeweicht in Tee, all die Geschehnisse seiner Kindheit einfallen, die bis dahin gänzlich vergessen schienen.

Da fällt mir aber auch die Frau ein, von der ich las, dass sie Rosenduft kaum ertragen könne, erinnere er sie doch immer an die Beerdigung ihrer Mutter, bei der sie sich dieses Duftes zum ersten Mal bewusstwurde. Auch Schmerz und Trauer können durch einen Duft erinnert und immer neu geweckt werden.[6] In den letzten Jahrzehnten ist eine ganze Forschungsrichtung darüber entstanden, wie Geruchssinn, Ängste und Depressionen zusammenhängen können.[7]

Ein einziges Lavendelkissen in einem der bunt bepflanzten Beete der Insel Mainau aber genügte ein anderes Mal auch, um mich erinnernd und imaginativ wie in einer intensiven Aromawolke zu den Lavendelfeldern Südfrankreichs in ihrem zarten Blauviolett zu entführen, wo ich einmal gewesen war, dorthin, wo hinter Nizza das Land zu den Bergen hin ansteigt. Farbe und Duft gehen hier eine unlösbare Verbindung ein. Das ganze Land ist von Duftwolken überweht, die einen umfangen, wenn man es zur Zeit der Lavendelblüte durchwandert oder auch nur mit offenem Fenster hindurchfährt. Lavendel ist Farbe und Duft in einem: Dieses zarte Blauviolett duftet für mich, auch wenn ich es in anderen Zusammenhängen sehe, immer nach Lavendel.

Nach Lavendel duften für mich auch nach wie vor die reichen Violetttöne auf Chagalls Bildern, die ich in Vence, vor den Toren der Provence, betrachten konnte. Verknüpfen sie sich doch mit meiner Erinnerung an eine Provencereise, bei der die duftigen Farben der Bilder des Chagall-Museums, die ich auf dieser Reise kennenlernte, mit dem Duft der blühenden Lavendelfelder zusammenklangen. Das Dufterleben nämlich verknüpft sich eng mit unserem Gedächtnis und kann bei der Erinnerung an jene Erfahrungen damals emotional wieder wachgerufen werden.

Bei dem lohnenden Versuch, eine „Freudenbiografie" unseres Lebens zu erstellen, wozu Verena Kast[8] uns anregt – und dies im Unterschied zu der viel häufiger gefragten Anamnese unserer Leiden –, sollten solche kleinen intensiven Alltagsfreuden, wie sie uns das Dufterlebnis z. B. von Lavendel, aber auch von Basilikum beim Kochen schenkt, doch nie vergessen werden. Es gibt kein Leben ohne diese kleinen Freuden an Gewürz und an Geschmack. Gerade die einfachen, die elementaren Gerüche sind es oft, die uns das Wasser im Mund zusammenlaufen lassen, sodass wir immer wieder erleben, wie eng der Geruch an den Geschmack gekoppelt ist. Dies werde ich im nächsten Kapitel noch eingehender bedenken. Ein Gutteil des

Geschmacks ist jedoch, das sei hier schon erwähnt, dem Geruch zu verdanken.

Bleiben wir bei den Düften. So also geht Riechen vor sich: Duftmoleküle aus der Luft werden in dem Riechepithel der Nasenhöhle aufgenommen, das Geruchsrezeptoren enthält, welche die eingeatmeten Substanzen zunächst einmal auflösen. So an einen Geruchsrezeptor gebunden, werden die Gerüche als elektrochemische Information weiterverarbeitet, eine Information, die von hier aus dann ins Zentrum des limbischen Systems und dort zum primären olfaktorischen Kortex geleitet wird. Die Gerüche haben gleichsam einen „heißen Draht" zu dem Teil des Gehirns, der für Emotionen und für die Erinnerung zuständig ist. Die Geruchsbahn ist die einfachste und direkteste Leitungsbahn unseres sensorischen Apparates.[9]

Das einzigartig vernetzte Geruchs-Geschmacks-System wird heute in einer neuen Disziplin, der Neurogastronomie, weiter erforscht. Gordon M. Shepherd, Professor für Neurowissenschaft an der Yale-Universität New York und langjähriger Leiter des *Journal for Neuroscience*, ist hier Vorreiter. Der Geruchssinn sei eben kein einfacher, eher schwacher Sinn, wie noch Aristoteles meinte, sondern sei auf besondere Weise spezialisiert: auf das Zusammenspiel von Zunge und Nase, Schmecken und Riechen, was den Duft ergebe. Hierzu gehöre auch der retronasale Weg, den der Geschmackssinn nimmt. Wir schmecken bekanntlich am besten beim Ausatmen, während der Atem die Zunge berührt. Wir können so vielfältig und so intensiv schmecken, weil dies auf einem der am besten vernetzten Systeme im Gehirn beruht, so Shepherd.[10] Das Geschmackserlebnis stelle sich ein, wenn das Gehirn die Botschaften der Geschmacksrezeptoren aufnimmt und mit denen des Geruchssinns – wie denen der anderen Sinne – in Beziehung setzt. Die Duftwahrnehmung entsteht im Gehirn.

Ein Mensch vermag übrigens ca. 10.000 verschiedene Gerüche zu erkennen und zu unterscheiden, wobei auch das Riechsystem geschult werden kann, wie es die Spezialisten für Aromen, für Parfüms, aber auch für die Geschmacksdifferenziertheit von Weinsorten beweisen.

Welchen Geruch die Rezeptoren uns auch anbieten, er hat jeweils die Kraft, uns emotional zu beeinflussen: Im limbischen System nämlich sind die Lustzentren des Gehirns angesiedelt – neben der Unlustwahrnehmung natürlich –, von denen viele durch Speise- oder auch durch Sexualdüfte angeregt werden. Blitzschnell vermag es sich mit emotional geladenen Erinnerungen zu verknüpfen, nicht weniger gut aber auch mit entsprechenden Erwartungen. Wenn wir zum Beispiel den nicht übermäßig angenehmen Geruch von Kerosin auf Flughäfen riechen, verknüpft er sich doch für die meisten von uns, die noch immer gerne reisen, unmittelbar mit dem Geruch der großen, weiten Welt, trägt uns hinaus über die Wolken. Da Düfte Erinnerungen wachrufen, wecken sie bei ihrem Wiederauftauchen auch Erwartungen. Und so kann über Düfte unsere Erwartung geweckt werden, wobei das Belohnungssystem, das bei der Motivation zu jedwedem Lernen eine große Rolle spielt, das Gefühl von Vorfreude zu verschaffen vermag.[11]

Bleiben wir also noch bei den Düften! Morgen und Abend duften verschieden. Wie unterschiedlich duften auch die Jahreszeiten! So dichtet Mörike vom Frühling:

> *Frühling lässt sein blaues Band*
> *wieder flattern durch die Lüfte.*
> *Süße, wohl bekannte Düfte*
> *streifen ahnungsvoll das Land.* [12]

Er lässt uns das Frühjahr mit seinen Blütendüften buchstäblich riechen, durch den Geruchssinn wahrnehmen. Dazu fallen uns auch die Erinnerungen an die vielen bereits erlebten Frühlinge ein: ahnungsvolle, wohl bekannte Düfte! Wie unterschiedlich duften die Monate: ein Mai, voll von Blüten; ein Oktober, wenn das Laub schon fällt und sich am Boden mit dem Geruch des letzten Fallobstes, Äpfel, Zwetschgen und Trauben, vermischt. Kartoffelfeuer, der Rauch und Duft von Erdäpfeln gehören zum Herbst, gehörte auch in meiner Kindheit noch dazu. Und der Winter hat ebenfalls seinen besonderen Geruch. An eiskalten Tagen scheint er wie versiegelt im eigenen Duft, als könnte man den Frost riechen. Im Wald steigt dann das Aroma geschälten Holzes auf, frisch geschlagener Stämme. In den Zimmern riecht es zu dieser Zeit nicht selten nach Kerzenwachs, nach frisch Gebackenem, Würzigem, nach Tannennadeln wohl auch, vielleicht nach Glühwein.

Am intensivsten jedoch duftet der Sommer. Heu! Welch unverwechselbarer Sommergeruch in unseren Breiten! Ob er in der Stadt aus Gärten und Grünflächen herüberweht, oft mit den Geräuschen des Rasenmähers verbunden, ob auf dem Land, das für viele Ferienland ist, wo es die ganze Atmosphäre mit seinem süß-würzigen Aroma durchzieht: Wir atmen tiefer, wenn wir den Heuduft in der Nase haben. Wir atmen auf, oft nach längeren nasskühlen Wochen: Wenn Heuduft aufsteigt, ist der Sommer da.

Aus der Erinnerung, die mit Vorzug an Düfte geknüpft ist, steigen Ferienlandschaften auf. Da sind sie, die Heumännchen, die Heuschober und mit ihnen alles, was wir seit der Kindheit mit ihnen verbunden erlebten. Bei mir gehört das Heuwenden im Hochschwarzwald während des Krieges dazu, als ich wie viele Gleichaltrige wegen der ständigen Luftangriffe auf meine Heimatstadt dorthin in ein Kinderheim evakuiert war. Welch ein Kontrast dazu: der Schwefel-Geruch der sogenannten Brandbomben und jener der brennenden Häuser damals in jener Industriestadt, aus der ich kam.

Ohne diese beklemmenden Umstände hätte ich als Stadtkind die Erfahrung des Heuens nie gemacht, und trotz und vielleicht auch wegen all dem Schmerzlichen, das mit jener Zeit verbunden war, mochte ich das Heu gerne und den Umgang mit ihm. All die sommerlichen Wanderungen später kommen hinzu, in Graubünden zum Beispiel, zu dem hoch gelegenen Grünsee, vorbei an gemächlich grasenden Herden mit ihren nicht überriechbaren Fladen, deren Geruch sich mit dem des

Heus zu einem unverwechselbaren sommerlichen Duftmix vermengt. Das ist meine Erfahrungspalette mit dem Heugeruch.

Tieferes noch klingt an, wenn Sensen und Mähmaschinen über die Sommerwiese mit ihren Blumen herfallen, Wehmütiges auch. Der intensivste Duft jedoch entströmt immer dem gemähten Gras samt den mitgemähten Blumen, gemäht, um vielleicht anderem Leben zu dienen. Ein Lebensgesetz, in das es einzuwilligen gilt?

Bis hin zur Heilkunde wird das Heu, wird sein Duft vielfältig verwendet: Da ist zum Beispiel der warme, duftende Heusack, der zur Entspannung von Haut, Muskeln und Atemwegen im Zusammenhang mit Massagen und anderen Heilbehandlungen gerne angewandt wird. Wie träumt man, auf solch einem warmen Heusack im abgedunkelten Zimmer liegend, auch wenn es Winter ist, von Sommer und Ferien! Überhaupt kann auch als Anleitung für die Imagination[13], die Übung innerer Vorstellung, die wir heute auch therapeutisch einsetzen, kaum ein sensorischer Kanal wirksamer genutzt werden als der olfaktorische: Man stelle sich vor, man rieche Heu, und schon hat man eine Sommerwiese vor Augen mit allem, was dazugehört. Oder man rieche Meer – und schon hört man es zugleich rauschen.

Ich werde in einem späteren Kapitel noch auf die Möglichkeiten der Imagination zurückkommen, die umso plastischere Vorstellungen hervorbringt, je genauer wir den Gebrauch unserer Sinne erprobt haben, während solche Menschen, die ihre äußeren Sinne nie geübt haben, auch bei der inneren Vorstellung große Schwierigkeiten haben können.

Jetzt aber vor der Imagination zuerst einmal eine Inhalation! Ob Eukalyptus ebenso stark auf die Bronchien derer wirken kann, die nicht wie ich die Erinnerung an eine im Mittelmeer gelegene Insel voller Eukalyptuswälder damit verbinden, zum Beispiel Saint Marguerite? Hinzu kommt bei dieser Erinnerung noch das Meer, die Überfahrt auf einem kleinen Boot, von würzigen Wogen ständig übersprüht: Der Salz- und Tanggeruch des Meeres, den keine Saline je erreicht!

Anders als die Wiesen duften die Wälder. Der Waldboden, gepolstert mit Schichten organischer Substanzen, die sich hier wandeln, er hat seinen unverwechselbaren Geruch: Im Frühjahr sind es die Maiglöckchen, der Waldmeister oder der Bärlauch, die ganz besondere Duftakzente setzen. Dann wieder bücken wir uns, um zu pflücken und zu sammeln, verbunden mit dem charakteristischen Geruch der feuchten Walderde. Waldmeisterpunsch, Holundersekt aus den Hecken am Waldrand ist zu brauen – welch ein Aroma, das sich bereits beim Ausschenken in der ganzen Wohnung ausbreitet! Das Glück der unvermuteten Funde im Wald, vor allem an essbaren Pilzen, dem Steinpilz etwa, vermischt mit den Gerüchen des Bodens, mit all den Laub- und Nadelgerüchen der Walderde, kann sich mit einem besonderen Gefühl und starken Lebensimpulsen verbinden.

Die Nadelwälder mit ihren Harzen und Ölen, zu denen auch Eukalyptus gehört, geben vor allem in der Sommerwärme besondere Duftnoten hinzu. Wer eine feine Witterung hat, kann sogar die Duftmarken des Wildes wahrnehmen, der Füchse oder der Hirsche, besonders die der Wildschweine. Wie gut, dass meine Witterung, die auch uns Menschen in Spuren noch eigen sein kann, diesen Geruch wahrnahm und mir riet, mich rechtzeitig ins Auto zu setzen, als in der Dämmerung die alte Wildsau auftauchte mit ihren fünf, sieben, nein, im Ganzen neun jungen Frischlingen, die, köstlich unbeholfen, eins nach dem anderen über den Weg hoppelten, auf dem ich eben noch gegangen war! Die Muttertiere können angriffslustig werden, wenn man sie mit ihren Jungen überrascht und damit aufstört. Dufterkennung als Warnung vor Gefahr aber ist für das Tier wie für mich als Mensch eine der ältesten Funktionen des Geruchssinnes!

Es ist eine besondere Kunst, die sich schulen lässt, Duftfährten zu lesen – eine hohe Kunst, die unseren jagenden Vorfahren mit ihrem ausgeprägten und geübten Riechhirn noch wohlvertraut war und die vor allem den Tieren selbst gegeben ist.

23

Anders als unsere Wälder und unverwechselbar duften die Wälder des Südens mit ihren in der Hitze tropfenden, duftenden Harzen aus Pinien und Zypressen.

Unvergesslich ist mir der alles erfüllende Duft blühender Orangen- und Zitronenhaine in Israel, der mir schon gleich nach meiner ersten Ankunft nahe dem Flughafen entgegenströmte, ebenso unvertraut wie anziehend. Ein Blütenduft von zitrussaurer Frische, melodischer noch als der herbere Geruch, den das Pampelmusenbäumchen, das ich viele Jahre lang in meiner Wohnung hielt, bei seinem ekstatischen Blühen ausströmte. Der Orangenblütenduft aber bleibt mit Israel verbunden, und durch alle Wirren und erschreckenden Geschehnisse des israelisch-palästinensischen Konflikts hindurch denke ich immer wieder daran, dass dort auf beiden Seiten die Orangen blühen und dass diese Bäume mit ihrem Duft und ihrer Frucht für die Menschen beider Völker zur Lebensgrundlage gehören. Undenkbar, sie einander zu zerstören!

Was bei uns der Flieder ist, ist anderswo der Oleander: Mediterrane und orientalische Gärten können, wie wir wissen, am Abend glühender Sommertage einen geradezu betäubenden Duft ausströmen, von schwerer Süße und rauschhafter Fülle, einen Duft wie ein Aphrodisiakum, ein Liebeselixier. Erotische Erzählungen, orientalische Märchen, zum Beispiel von der *Tochter des Zitronenbaums*[14] kommen einem in den Sinn und laden zum Nach- und Miterleben ein. Wollen wir auch nicht vergessen, dass diese Düfte nicht nur metaphorisch, sondern in ihrer realen biologischen Funktion dem Anlocken der befruchtenden Insekten dienen! Vor allem dem der Bienen, wenn wir die Wiesen so anlegen, dass sie ihre vertrauten Pflanzen und Blüten in unverfälschter Form vorfinden. So laden duftende Gärten, auch Stadtgärten mit ihren Bänken und Lauben besonders uns Menschen selbst allemal zur Begegnung ein, zum vertrauten Gespräch, zum freundschaftlichen Zusammensein.

Welche Rolle spielt doch zum Beispiel in Ingeborg Bachmanns Roman *Malina* der Wiener Stadtgarten mit seinen blühenden Päonien! Welche Rolle erst die blaue Blume mit ihrem betörenden Duft in Novalis' *Heinrich von Ofterdingen*! In diesen Romanen steht das Aufblühen bestimmter Blumen samt ihrem Duftphänomen symbolisch für das Aufblühen und Duften einer beginnenden Liebesbeziehung.

Das Wahrnehmen des Duftes eines anderen Menschen, ihn oder sie „riechen" zu können und zu wollen, ist überhaupt das Grundphänomen, die Grundlage jeder sympathischen Begegnung unter Menschen, erst recht einer jeden erotischen Begegnung. „Ich mag sie!" – „Ich mag ihn!" ist Ausdruck des Beschnupperns, ist elementarer Ausdruck entstehender Zuneigung. Dies alles sind Duftphänomene, Geschmacksphänomene, die uns untrüglich anzeigen, dass wir einen Menschen bis hin zur körperlichen Nähe gut leiden können und als anziehend erleben. Auch wenn wir uns vielleicht recht gut mit einem Menschen unterhalten, sollten wir uns nie in eine erotische Beziehung mit jemandem einlassen, dessen Körpergeruch uns nicht sympathisch ist, sodass wir ihn schon beim geringsten Schwitzen nicht mehr ertragen können.

Mit diesem Phänomen arbeitet die Zauberwelt der Aromen und Parfüms seit Menschengedenken.[15] Wenn wir sie nutzen wollen, kommt es sehr darauf an, die Nuance und Tönung zu finden, die ausdrucksvoll unterstreicht, wer wir sind und was wir ausstrahlen wollen, sodass wir nicht unversehens dabei verfälscht werden. Es soll doch ein subtiles, freudig-erotisches Spiel mit diesen Essenzen verbunden sein, kein so fanatisches Spiel, dass darüber eine Freundschaft zerbricht, wie ich es bei zwei Freundinnen miterlebt habe, deren Beziehung daran scheiterte, dass es die eine nicht lassen konnte, immer wieder einmal die gleiche Duftnote, die gleiche Marke eines Parfüms zu benutzen, die sie bei der Freundin kennengelernt hatte. Dies wurde von der anderen ausdrücklich als Übergriff und Grenzverletzung empfunden. Diese etwas extreme Episode bringt zum Ausdruck, was ein Parfüm sein soll: Ausdruck der ganz persönlichen Note, des persönlichen Duftkreises, der auch eine eigene erotische Ausstrahlung betont und enthält. Nur in diesem Sinn ist es zu verstehen, dass selbst nahe Freundinnen es oft nicht leiden können, wenn sie sich duftmäßig von der anderen nachgeahmt fühlen.

Ich weiß noch gut, wie mir meine Mutter, die eine natürliche und naturverbundene Frau war, immer dann ein wenig fremd, aber zugleich geheimnisvoll wurde, wenn sie manchmal, selten genug, mit dem Vater ausging und sich mit einer duftenden Essenz umgab. Meinen jüngeren Bruder konnte ich im Gegenzug zu manchem seiner Streiche, die er mir spielte, fuchsteufelswild machen, wenn ich ihn aus Rache mit Mutters Parfüm besprühte: War er doch, solange er danach roch, wirklich „außer sich".

Auch wer weniger mit Parfüms umgeht, kommt nicht umhin, die ganz persönliche und für den Tag stimmige Aromanote bei Duschgels und Shampoos zu wählen: „Milch und Honig" oder eher „Apfelblüte"? – Düfte, die einen selbst für einige Tage oder Wochen charakterisieren können. So gehören sie zu den kleinen Alltagsfreuden am guten Leben, die uns nichts und niemand nehmen kann. Manchen Menschen erkenne ich, schon ehe er ins Zimmer tritt, an dem von ihm zurzeit gewählten Duschgel-Duft.

Fast noch intensiver tauchen wir in den Duft eines Vollbades ein, ob Tannennadel, Zitronenmelisse, Rosmarin oder wie sie alle heißen, die von den entsprechenden Firmen nicht nur wegen ihrer belebenden oder beruhigenden Essenzen, sondern ausdrücklich auch wegen ihres Duftes zur therapeutischen Anwendung empfohlen werden. Da sollen Tannennadelgeruch und Eukalyptusduft die belegten Bronchien auf natürliche Weise weiten und zugleich die Erinnerung an südliche Wälder mit ins Bad holen. So wird die Wanne in der Fantasie so manches Mal zum verwunschenen Waldteich.

Es existieren heute erfindungsreiche, klinisch erprobte Aromatherapien, die sich zunächst in anthroposophischen Kliniken bewährt hatten. Auch im Rahmen der Pflege werden die Patienten im Alters- und Pflegeheim heute vielfach mit sorgsam ausgewählten duftenden Lotionen behandelt – was in jedem Fall als einfühlsame, liebevolle und individuelle Zuwendung zu ihrer Körperlichkeit empfunden wird und schon allein deshalb einen nicht zu unterschätzenden Heilfaktor darstellt. Wenn wir aber ernst nehmen, dass die olfaktorische Hirnrinde, das „Riechhirn"[16], als die älteste Kortexstruktur überhaupt uns mit Erinnerungen aus der frühesten Lebensgeschichte und mit den entsprechenden Erwartungen in Verbindung bringen kann, so besteht kein Zweifel, dass über den Riechvorgang ein Mensch in seiner Ganzheit angesprochen wird. So kenne ich eine junge Mutter, die ganz bewusst nie ein Parfum benutzt, damit sie von ihrem Kind immer an ihrem ureigenen Geruch erkannt werden kann. Auch sogenannte frühe Störungen, die oft auf weit zurückliegenden Störungen der Mutter-Kind-Beziehung beruhen, erreicht man möglicherweise durch eine der heute entwickelten Formen von Aromatherapie. Diese stützt sich auf das Phänomen, dass die Geruchsnerven ihre Signale, wie gesagt, direkt an das limbische System weiterleiten. Dadurch wird eine unmittelbare emotionale Reaktion ausgelöst, die einen Menschen beruhigen, anregen, die ihm beim Einschlafen helfen oder sogar dessen Essgewohnheiten beeinflussen kann. Der Duft bestimmter Pflanzenextrakte führt beispielsweise zur Ausschüttung von Enzephalinen[17], welche die Heilung fördern, während andere pflanzlich gewonnenen Düfte die Ausschüttung von Endorphinen hervorrufen, die den sexuellen Antrieb, das Lustempfinden steigern können.[18]

Vom Geruchssinn enthält der Mandelkern, die Amygdala, im Gehirn die unmittelbaren Signale. Der Mandelkern ist im limbischen System aber unter anderem gerade auch für fürsorgliches Verhalten zuständig.

Riechfädchen senden ihre Informationen zu den Lustzentren des limbischen Systems, zu denen wieder der Mandelkern und das Septum gehören, das unter anderem für die Fähigkeit, sich zufrieden zu fühlen, verantwortlich ist. Man muss sich da natürlich ein wenig auskennen und wissen, was man in welchem Fall wählt, wenn man solche Duftmittel einsetzt.

Frauen sollen übrigens einen besseren Geruchssinn als Männer haben und in einer bestimmten Phase ihres Menstruationszyklus Gerüche besonders intensiv wahrnehmen.[19] Auch beobachtete man in diesem Zusammenhang das eigentümliche Phänomen, dass Frauen, die sich häufig begegnen oder nahe zusammenleben, durch Übertragungen von Geruchspartikeln offenbar ihren Menstruationszyklus unwillkürlich aufeinander abstimmen.

Es gäbe also sehr viel zu verlieren, wenn wir den Geruchssinn verlören! Neu zu spüren bekamen dies viele während der Coronapandemie, da die Infektion mit bestimmten Varianten des Virus lang anhaltende Einschränkungen des Geruchssinns nach sich zog.

Anosmie, Geruchsblindheit, gibt es als sensorischen Ausfall, der sich beispielsweise im Zusammenhang mit Depressionen oder bei traumatisierten Folteropfern entwickelt, die ihre sensorischen Fähigkeiten eingebüßt haben, indem sie sich unbewusst gleichsam gefühllos machten, um die sonst unerträglichen sensorischen Qualen überstehen, überleben zu können.[20] Es kann ihnen zur Wiedergewinnung ihrer Sinne verhelfen, wenn sie starken Geruchsreizen ausgesetzt werden. Solche Versuche berichtet Alfred Drees[21] aus seiner therapeutischen Arbeit mit Folteropfern.

Auch Alzheimerpatienten sind in Gefahr, ihren Geruchssinn einzubüßen und synchron dazu ihr Gedächtnis zu verlieren. Doch auch hier vermögen starke Geruchsstimulationen den Krankheitsprozess zu unterbrechen.

Bei vielen solchen Einschränkungen aber kann eine gut eingesetzte „Duftorgel" vor allem auf Stimmung, Gemütslage und Selbstwertgefühl einen günstigen Einfluss haben.

Ein neues Problem erhebt sich allerdings in unserer technischen Zivilisation dadurch, dass wir inzwischen in der Lage sind, nahezu jeden natürlichen Duft künstlich zu erzeugen und somit Nahrungsmittel verfälschen bzw. Nahrhaftes in Wertlosem vortäuschen können.

Erkenntnisse der sogenannten Neuroparfümerie läuten mit der Entwicklung von „Wirkparfümen" eine neue Phase in der Parfümerie ein, deren Stichwort „Mood and Health in Modulation" heißt. Da sie sich auf die Erforschung der Duftwirkung auf das Gehirn stützt, ist die Wirksamkeit dieser neuen Parfümdrogen kaum zu bestreiten – bis dahin, dass deren kritische Diskussion in der Öffentlichkeit vielleicht sogar eine neue Gesetzgebung für den Umgang mit deren Auswirkungen erfordern wird.

Zunehmend werden Duftmittel in der Werbung für vergleichsweise minderwertige Produkte eingesetzt. In eher humorvoller Weise nahm Christian Morgenstern dieses Problem, das auch zu seiner Zeit zwar schon vorstellbar, aber noch nicht akut war, in seiner poetischen Fantasie vorweg, die er *Der Aromat* nennt.

> *Einen Raum, in welchem, kurz gesprochen,*
> *nicht geschluckt wird, sondern nur gerochen.*
> *Dort, gegen Einwurf kleiner Münzen nämlich treten*
> *aus der Wand balsamische Trompeten,*
> *die den Gästen in geblähte Nasen*
> *was sie wünschen, leicht und lustig blasen.*
> *Und zugleich erscheint auf einem Schild*
> *des Gerichtes wohl getroffenes Bild.* [22]

Viele chemisch erzeugte Geruchsstoffe können andererseits die uralte Unterscheidungsfunktion für Bekömmliches und Unbekömmliches, die dem Geruchssinn eignet, dirigieren und sogar unterminieren: Sie täuschen verlockend Bekömmliches vor, auch dort, wo eine chemische Denaturierung der Speisen vorliegt. Dabei dienen die Nasenlöcher mit ihrem Geruchsepithel, das sich unmittelbar über dem Mund befindet, ursprünglich als letztes Alarmsystem, ehe der Mensch etwas Übelriechendes und vielleicht unbekömmlich Gefährliches isst. So hat sich das limbische System vermutlich aus einer genuin lebenswichtigen Funktion heraus entwickelt, Gerüche zu analysieren und Pheromone auszuschütten, chemische Duftstoffe, die der sexuellen und sozialen Kommunikation dienen. Viele Gattungen von Lebewesen benutzen Pheromonsignale zur Paarung, zur Fütterung, zur Brutpflege und – wenn sie als Warnsignale wahrzunehmen sind – auch zur Flucht. Entsprechende lebenswichtige Funktionen werden beim Menschen durch Duftsignale stimuliert.

Zum Einfluss ungünstiger Duftstoffe – zum Beispiel von Abgasen – auf unser seelisches und körperliches Wohlbefinden möchte ich hier nur anmerken, dass sie sich schädigend auf unseren physio-psychologischen Organismus auswirken und damit auf unseren „Geschmack am Leben". Eine Studie an Kindern, die in einer Gegend mit hoher Luftverschmutzung zur Schule gehen, zeigt, dass anhaltender Gestank unter anderem die Aggressivität der Betroffenen steigert. Während einer Autofahrt habe ich einmal in Tirol ein offizielles Verkehrszeichen mit dem Hinweis „Vorsicht, Geruchsbelästigung auf 2000 Meter" gesehen, das ich schmunzelnd zur Kenntnis genommen habe. Sofort drehte ich die Fenster meines Wagens hoch, um dem Jauchegeruch keinen zu großen Raum zu vergönnen. Seitdem aber habe ich an ungleich bedenklicheren Stellen von Luftbelästigung solche Schilder vermisst. Neuere Studien wenden sich jedoch ausdrücklich der mit der Klimaveränderung zunehmenden Luftverschmutzung zu – z.B. bei Smog und den damit einhergehenden Folgen in Bezug auf die Gesundheit des Menschen und der übrigen Lebewesen.[23] Da fährt man beispielsweise über Stunden durch Reviere der chemischen Industrie, die man schließlich hinter sich lässt, ohne zu ermessen, was es heißt, in solchen Arealen arbeiten und wohnen zu müssen. Im Ruhrgebiet oder auch in Bitterfeld wusste man früher, was es bedeutet, unter ständigem Rauch und Ruß mit entsprechenden Gerüchen zu leben. Und es ist gewiss mehr als eine beiläufige Geruchsbelästigung, wenn wir gezwungen sind, in der eigenen Wohnung in einem Mief zu leben, weil eventuell die Systeme für Abwasser und Abgase nicht funktionieren – das schlägt auf Körper und Gemüt.

Gute Luft dagegen lässt aufleben, und wenn gar noch ein besonderer Duft dazukommt, zum Beispiel in den Tagen, in denen bei uns die Linden aufblühen, die manchmal auf den offenen Plätzen zwischen den Wohnvierteln stehen, dann lohnt es sich, die Fenster weit aufzureißen. Eine Bekannte träumte nachts davon, dass ein solch intensiver Lindenduft durch ihr offenes Wagenfenster hereinströmte, sodass sie die Fahrt verlangsamte, an den Straßenrand fuhr und anhielt, um diesen Lindenduft einzuatmen.

„Unsterblich duften die Linden"[24], diese Zeile aus dem Gedicht *Trost* von Ina Seidel fiel jener Frau beim Bedenken ihres Traumes ein: Vom Duft in Erinnerung gerufen, machte dieses Wort von einem Duft sie plötzlich hellwach für diesen gelebten, wenn auch geträumten Moment. „Die Linden haben vor mir geduftet und werden nach mir duften. Sie werden mich überleben mit ihrem Duft", so kommentiert sie ihren Traum. Im Traum verblieb sie eine ganze Weile parkend in dem Lindenduft, stieg schließlich aus und stellte sich unter einen der nahen Bäume. Sie habe kaum je so tief eingeatmet, erzählt sie. Dabei war das Ganze nur geträumt! Hier wird vor allem auch die naturgegebene Korrespondenz zwischen dem Ausatmen der Menschen und dem Einatmen der Bäume – und umgekehrt – spürbar: Wir atmen ein, was der Baum ausatmet, seinen Duft. Hier fühlte sie sich im Zusammenhang mit dem umfassenderen Leben, zu dem sie gehört.

Vom heiligen Franz von Assisi erzählt man, er habe eine so gute Ausstrahlung gehabt, dass sie wie ein Duft von ihm ausging. Und in seiner Felsenzelle über der Schlucht von Cortona – so habe ich bei einem Besuch dort einen Mönch selbst erzählen gehört – habe man an bestimmten Tagen immer wieder diesen Duft wahrnehmen können, die wunderbare Ausstrahlung des Heiligen, der in dieser Zelle lebte. Dieser Duft sei noch immer wahrnehmbar, die Jahrhunderte hindurch bis heute. Hier veranschaulicht und symbolisiert sich die Atmosphäre um einen Menschen wie Franziskus zu einem Duft.

In ähnlicher Weise schrieb man im alten Griechenland, im Land der mediterranen Düfte, vor allem Göttinnen wie Demeter eine „duftende Brust", ein „duftendes Gewand"[25] zu, so in der homerischen Fassung des Mythos. Und bei ihrem Erscheinen unter den Menschen habe unsäglicher Wohlgeruch das ganze Gemach erfüllt.

Auch Hildegard von Bingen hört die göttliche Stimme zu ihr sprechen, die sich ihr zu erkennen gibt – „Und alles duftet von mir" – und die sie dazu anleitet, in allem, was duftet, zugleich Gottes Aroma selbst wahrzunehmen. „Im Windhauch ist heimliches Leben von mir und hält beseelend alles zusammen."[26] Auch vom Duft eines gut gelebten Lebens singt Hildegard von Bingen in einem ihrer audiovisionär empfangenen Gesänge: „Wehest Weisheit ins Leben", so schrieb sie von der duftenden Windbewegung des Heiligen Geistes, „und mit der Weisheit die Freude."[27] Eine Freundin, Sängerin, die auch die Lieder und Hymnen Hildegards interpretiert, nahm dementsprechend einen wunderbaren Duft wahr, als sie die Klause Hildegards auf dem Disibodenberg besuchte.

„Die olfaktorische oder Geruchsbahn ist", wie Ratey in seiner Studie zusammenfasst, „die einfachste und direkteste Leitungsbahn unseres sensorischen Apparates. Gerüche werden durch die Nase eingeatmet, als elektrochemische Information verarbeitet und zum Mandelkern (Amygdala) und zur Großhirnrinde (Kortex) weitergeleitet."[28] So sind die Gerüche unmittelbar mit unserem emotionalen Erleben und mit unserer Erinnerung verbunden. Geruch wahrnehmen zu können, heißt auch beim Menschen – im direkten und im übertragenen Sinn –, Witterung zu haben, Witterung zu gewinnen, eine „gute Nase" für etwas zu bekommen. Es gibt eine Witterung für das Günstige im Leben wie auch für das Ungünstige, für die Gefahr. Witterung aber beruht auf Erfahrung, auf Vergleich der Erfahrungen untereinander, auf Differenzierung. Witterung gilt es vor allem zu gewinnen für Menschen, die zu einem passen, die den Geschmack am Leben mit einem teilen können.

# SCHMECKEN:
## Vom Geschmack des Lebens

Der diplomierte Gerontologe Markus Biedermann war zum Glück auch ausgebildeter Koch, und so gelang es ihm Anfang der Zweitausenderjahre, den von Demenz betroffenen Menschen in einem Pflegeheim unerwartet starke Reaktionen ihres Sinns für das Schmecken zu entlocken. Seitdem wird die weckende Wirkung von Geruch und Geschmack auf das Gehirn bei Demenz ungleich mehr beachtet und viel bewusster als zuvor in Pflege und Behandlung demenzbetroffener Menschen einbezogen.[29] Seinerzeit aber hatte die Entdeckung dieses direkten Zusammenhangs Aufsehen erregt, nachdem Markus Biedermann seine Erfahrungen damit zwei Tage lang dem Mitarbeiterstab des Freiburger Marienheims vermittelt hatte. Ich folge hier dem damals viel beachteten Bericht in der *Badischen Zeitung*[30]: Als der Koch zwischen den Betten zweier dementer Patientinnen, die seit Monaten keinen Ton mehr von sich gegeben haben, auf einem Brett mit dem Zwiebelschneiden begann, reagierte zunächst noch keine der beiden Frauen. Regungslos lagen sie da, die Augen geschlossen, die Hände über der Bettdecke gefaltet. Auch als er ankündigte: „Ich koche jetzt eine Suppe", erfolgte noch keine Reaktion. Doch als das Fett zu brutzeln begann und der Geruch von angebräunten Zwiebeln langsam den Raum erfüllte, da rieb sich eine der Frauen auf einmal die Augen, und auf die Frage, ob sie die Zwiebeln rieche, antwortete sie tatsächlich mit einem vernehmbaren: Ja!

Plötzlich begann sich auch ihre Nachbarin zu regen. Sie murmelte zuerst ein paar Töne und sorgte bereits damit, wie die Zeitung berichtete, bei den versammelten Pflegekräften für einen kleinen Tumult, verbunden mit ungläubigen Ausrufen: „Das gibt es doch gar nicht!" Etwas später öffnete sie die Augen.

„Das sind seit einem Jahr die ersten Töne, die ich von ihr gehört habe", staunte eine Pflegerin, die vor Überraschung eine Gänsehaut bekam. Auch der Pfleger, der die beiden Frauen, die Anfang neunzig waren, seit mehreren Jahren betreute, soll den Vorgang einfach „sensationell" gefunden haben. Zudem hatte er die eine der beiden Frauen, die seit sehr langer Zeit keinen Ton mehr von sich gegeben hatte, da sie den Mund kaum öffnete, bisher nur mit einem kleinen Löffel füttern können. Von Markus Biedermann aber ließ sie sich nun mit einem großen Löffel die Zwiebelsuppe einflößen und begann dann zur größten Verwunderung aller mit ihrer Nachbarin ein kleines Gespräch: Linsen und Spätzle habe auch sie früher gekocht, so antwortete sie auf Fragen, und fügte später ganz von sich aus noch hinzu: „Und Brotsuppe mit Lauch." Ihr Gedächtnis begann also wieder zu reagieren. Ein weiterer Mitarbeiter der Küche konnte es kaum fassen: „Die beiden reagieren! Was das bedeutet, kann man sich nur vorstellen, wenn man weiß, dass sie monatelang überhaupt nicht mehr gesprochen haben."

Markus Biedermann hingegen zeigte sich nicht mehr in gleicher Weise überrascht von dem Erfolg seines Konzepts, das er als Leiter eines Pflegeheims in Essen damals bereits häufig angewendet hatte und das sich bei solchen von Demenz bedrohten Menschen schon vielfach bewährt hatte. „Ich arbeite mit Schlüsselreizen", erklärte er, „die ätherischen Öle der frisch geschnittenen Zwiebeln erinnern die Menschen daran, wie sie früher selbst gekocht haben."[31]

Wieder stoßen wir darauf, wie der „olfaktorische Komplex", das „Riechhirn" also, hirnphysiologisch mit dem Schmecken und zugleich mit dem Gedächtnis vernetzt ist und wie Riech- und Schmeckreize selbst das bei Alzheimer entschwindende Gedächtnis noch zu stimulieren und zu erwecken vermögen – und damit auch den ganzen Menschen.

Nicht nur alte Menschen, die durch Demenz bedroht sind, sondern auch junge, die ein Trauma erlitten haben, sind oft nur noch durch starke Geschmacksreize zu erreichen. Sogar durch

Folter verstörte und bis zur Fragmentierung dissoziierte Menschen können am ehesten durch starke Geruchs- und Geschmacksstimulierungen aus ihrem dissoziierten Zustand zurückgeholt werden, indem man ihnen zum Beispiel etwas scharf Gewürztes auf die Zunge legt.[32]

Ist es nicht überhaupt überraschend, dass viele Menschen Scharfes bevorzugen, vor allem jene in heißen Ländern? Hängt es womöglich damit zusammen, dass der Körper nach dem Genuss von scharf Gewürztem eher zu schwitzen vermag und sich dadurch leichter abkühlt, was bei Hitze als wohltuend empfunden wird? Oder beruht es einfach darauf, dass Scharfes die Geschmacksnerven geradezu aufschreckt? Dies geschieht durch eine ganz konkrete Reizung: Die Schärfe von Chilischoten zum Beispiel beruht auf der geschmacks- und geruchsneutralen chemischen Substanz Capsaicin, die bestimmte Nerven in Nase und Mund stimuliert.[33] Scharfe Gewürze verstärken nicht nur den Geschmack anderer Aromen – es sei denn, man überwürzt und übertönt damit jeden Eigengeschmack –, sondern führen vor allem zur Ausschüttung von Endorphinen im Gehirn, wirkungsvollen chemischen Substanzen, die Schmerz lindern und das Gefühl von Wohlbehagen hervorrufen.

Schmecken zu können gehört zu den elementarsten Lebensfunktionen und vermag – wie bei den erwähnten Demenzgefährdeten und bei den in ihrem sinnenhaften Erleben gänzlich verstörten Folteropfern – erlöschende Lebensgeister wieder zu erwecken. Vor allem aber weckt es wieder die Lust auf den elementaren Geschmack am Dasein.

Hören wir dazu zunächst aber einen, wie er sich selbst bezeichnet, „schlechten Esser": Bertolt Brecht. In feierlich altmodischen Rhythmen hebt er in seinem Gedicht *Der Mund* an, das scheinbar Banale der Speisen zu beschreiben, und bewusst wählt er ein ironisches Paradox: Als „niedrig gescholten" würde es zwar, „fröhlich vom Fleisch zu essen, das saftige Lendenstück, und mit dem Roggenbrot, dem ausgebackenen, duftenden, den Käse vom runden Laib und aus dem Krug das kalte

Bier zu trinken", aber ohne dies alles genossen zu haben, einmal „in die Grube gelegt zu werden", das wäre einfach unmenschlich, so meint er, und das sage er, so Brecht, „der ich ein schlechter Esser bin"[34].

Bei Carl Zuckmayer, offensichtlich einem der „guten Esser", hört sich das ganz anders an. Hier nur zwei Bilder aus seinem großen Gedicht *Das Essen*: „Beefsteaktartar ist fast so stark an Gnaden / wie ein am Grill gebratenes Lendenstück." Doch nicht genug: „Und viele Götter leben im Salate, / saftrot und samenkerngeschwellt das Weib Tomate." Vor allem aber gehört dazu das deftige Grundbild der ersten Strophe, das in der letzten wiederkehrt: „Ein Mensch beim Essen ist ein gut Gesicht, / wenn er nichts denkt und nur die Kiefer mahlen, / die Zähne malmen und die Blicke strahlen / von einem sonderbaren Urweltlicht."[35] Schmunzeln wir mit und schelten wir's nicht niedrig: Der Geschmack am guten Leben hängt eben nicht zuletzt an diesem Schmeckenkönnen!

Alle Reize übrigens, die man wiederholt – auch die schärfsten –, adaptieren sich in der Geschmacksempfindung, mildern sich und flachen schließlich ab. Deshalb ist Abwechslung das wirksamste Rezept für einen unverwüstlichen Appetit – vielleicht auch aufs Leben als solches! Die Geschmacksknospen sind neugierig, reagieren am wachsten auf Neues – wie alle unsere Sinne. Neues, das von unserer menschlichen Gattung von jeher in seiner Bedeutung für das Leben, ja für das Überleben erprobt und gedeutet wurde, weckt immer wieder unsere Aufmerksamkeit.

Beispielsweise steigert sich während der Frühphase einer Schwangerschaft oft die Lust auf stark gewürzte Speisen und auf extravagante Speisekombinationen, also auf besonders Frisches, Knackiges. Denn durch die hormonelle Veränderung verändert sich auch die Geschmackswahrnehmung, oft ist sie sogar gedämpft, wodurch ein verstärktes Bedürfnis erwacht, sie zurückzugewinnen.[36] Selbst ein Grimm'sches Märchen, *Rapunzel*, hat dieses Motiv aufgegriffen: Die unwiderstehliche Lust einer

Schwangeren auf „Rapunzeln", also auf Feldsalat oder „Sonnen-wirbel", wie die Schweizer sagen, führt zu den großen Verwick-lungen mit der Zauberin, der jener Rapunzelgarten gehört.

Schmeckenkönnen hängt unmittelbar mit Riechenkönnen zusammen. Der Geruchssinn vermag die elementaren Ge-schmackserfahrungen noch zu differenzieren. Die Geschmacks-organe auf der Zunge (aber auch im Gaumen, Rachen oder an den Innenseiten der Wangen) sind für sich allein nur in der Lage, Süßes und Saures, Salziges und Bitteres, Mildes und Scharfes in verschiedenen Graden wahrzunehmen und zu unterscheiden. Die Zungenspitze schmeckt vor allem Süßes – wir lecken am Eis –, während Saures und Salziges besonders von den Zungenseiten wahrgenommen werden. Bitteres hinge-gen schmecken wir noch weiter hinten an der Zunge und im weichen Rachen. 75 Prozent dessen, was wir als Geschmack wahrnehmen – das Aroma einer Speise vor allem –, ist dem Geruchssinn zuzuschreiben. Beide Sinne arbeiten eng zusam-men. Unser Geschmackssinn nimmt auch die Konsistenz der Speisen wahr: das Sämige von Kartoffelpüree, das Sperrige von bissfesten Karotten, das Zarte eines jungen Blattspinats.

Und auch die Temperatur hat Wirkung auf den Geschmack: Vergleichen wir nur ein warm gewordenes Weizenbier mit einem frisch gekühlten! Oder kalt gewordenen Fisch mit frisch gegrilltem! Die Sinnesforschung empfiehlt uns deshalb, das Kalt-Warm-Empfinden, den Sinn für Temperatur als einen der weiteren Sinne, die über die fünf klassischen hinaus existieren, zu verstehen.[37]

Wenn wir nun den Vorgang des Schmeckens wie den des Riechens hirnphysiologisch verstehen wollen, so stoßen wir auf folgenden Zusammenhang: Geschmacksreize werden von den Geschmacksknospen aufgenommen und anschließend zur Weiterverarbeitung an den Thalamus, das „große Tor" des sen-sorischen Inputs, geschickt und schließlich weiter zu den Geschmackszentren des somatosensorischen Kortex. Die Sig-nale der Geschmacksknospen gelangen auf parallelen Leitungsbahnen weiter zum Hypothalamus und zum Mandelkern wie auch zu anderen Teilen des limbischen Systems, wo die Emotionen und Erinnerungen schlummern und entsprechend den geschmacklichen Eigenschaften der Speise wachgerufen werden.

Erinnerungen können uns Speisen besonders köstlich erscheinen lassen, sie können sie uns aber auch verleiden. So wurde einer Freundin Mozzarella mit Tomaten und Basilikum, in Italien eine Zeit lang ihr Lieblingsgericht, dadurch verleidet, dass sie es einmal mit ranzig gewordenem Öl serviert bekam.

Der Hypothalamus wiederum spielt eine Schlüsselrolle: Er reguliert das Hungergefühl und den Appetit durch Ausschüttung von Dopaminen und lässt uns damit ein zufriedenes Sättigungsgefühl erfahren.

Alle genaueren Geschmackswahrnehmungen verdanken wir unseren Riechorganen und dem damit verbundenen sogenannten Riechhirn. Deshalb schlagen sich eine verstopfte Nase oder ein chronischer Schnupfen auf unseren Geschmackssinn nieder, sodass wir bei solchen Beeinträchtigungen unseres Riechvermögens keine feineren Nuancen mehr zu unterscheiden vermögen. Nach einer schweren Erkältungskrankheit – vor allem aber nach einer Infektion mit Corona[38] – haben viele der Betroffenen ihren Geschmackssinn für längere Zeit verloren, was ihr Lebensgefühl stark beeinträchtigt. Es trifft vor allem gerade diejenigen unter ihnen, die sich als Feinschmeckerinnen und ausgezeichnete Köchinnen verstehen. Durch ein spezielles Training des Geschmackssinns kann er allerdings in vielen Fällen wiedergewonnen werden, aber eben nicht immer – ein großer Verlust an Lebensqualität.

Empfinden wir darum jetzt umso feiner, was wir an unserem Sinn für das Schmecken haben, solange er uns gegeben ist. Bei einer Weinprobe z. B. können wir sein feines Zusammenspiel mit dem Einatmen wie auch mit dem Ausatmen wahrnehmen. Beim Ausatmen können wir die Nuancen des Schmeckens auf der Zunge am feinsten erfahren. Bei der Weinprobe aber von einem guten roten Burgunder werden wir zunächst beim tiefen Einatmen die Duftnote am besten erkennen, vor allem, wenn er in einem der extra voluminösen und oben weit geöffneten Burgundergläser serviert wird und damit auch unseren Augen und unserer Nase entgegenkommt. Dann werden wir von ihm kosten und erst, wenn wir uns einen Tropfen gleichsam auf der Zunge zergehen lassen, können wir langsam ausatmen. Eben bei diesem Ausatmen schmecken wir ihn dann wirklich am fülligsten und am subtilsten auf der Zunge, die unser Atem mitumfasst.

Es ist gewiss kein Zufall, dass ich hier, im Kapitel über den „Geschmack am guten Leben", auf den Wein zu sprechen komme, denn er ist – wie schon die Bibel weiß – uns gegeben als eine Zugabe des Lebens, ein *donum superadditum*, auf dass „der Wein erfreue des Menschen Herz" (Psalm 104,15). Nicht zum Überleben ist er uns gegeben, sondern damit wir die Fülle des Lebens haben, Festlichkeit und Freude: Geschmack an einem guten Leben. Viele Menschen feiern das Leben mit Wein. Es ist ein schöner, lebensverbundener Zug in der christlichen Tradition, dass ihre sakramentalen Gaben aus dem festlichen Wein neben dem überlebensnotwendigen Brot bestehen. Goethe soll noch in seinen letzten Tagen mehrere Bocksbeutel-Flaschen des „Würzburgers" bestellt haben, eines würzig-trockenen Silvaners; man fand die Rechnung in seinem Nachlass.

Das Brot dagegen! Was kommt, wenn wir wirklich hungrig sind, dem Duft, dem Geschmack des Brotes gleich! Sein Urgeschmack muss auf meiner Zunge der nach Vollkorn und nach Sauerteig sein. Ein wenig feucht noch vor Frische! Mein Bäcker backt auch heute noch einen runden Brotfladen aus Vollkornsauerteig, der sich mindestens zwei Wochen lang hält, ohne auszutrocknen und ohne zu schimmeln. Uraltes Rezept! Weil gutes Brot so elementar, so wichtig ist, backen heute viele ihr Brot wieder selbst und beginnen damit schon beim Mahlen des Mehls, beim Ansetzen des Sauerteigs. Dreimal am Tag essen viele deutsche Familien Brot. Und in den Augen mancher gelten die Deutschen als Weltmeister in der Kunst, Brot zu backen. Weißbrot, Graubrot, Schwarzbrot heißen die Klassiker, heute auch oft durch Brot aus speziellem Korn wie Dinkel-, Roggen- und Sechskornbrot ergänzt. Brot gibt es mit Nüssen, mit Sesam, mit Sonnenblumenkernen und mit vielem anderen.

Brot in aller Vielfalt. Morgens beim Frühstück beginnt es, mittags zur Suppe oder als Brotzeit zur Arbeit, und das Abend-essen heißt im nördlichen Deutschland „Abendbrot".

Im Vaterunser steht es *pars pro toto* für Nahrung schlechthin: „Unser tägliches Brot gib uns heute." Als Sinnbild aller Nah-rung galt es im aramäischen Sprachraum, im Mittleren Osten, in Israel, aus dem unsere Bibel und auch das Vaterunser stam-men.

Da fällt mir das unvergessliche Fladenbrot ein, das uns ein Beduine frühmorgens entgegenhielt, als wir vom Sinai, vom Mosesberg, zurückkehrten, zu dem wir um vier Uhr morgens aufgebrochen waren: Heißhungrig waren wir, und es schmeck-te wie „Manna", vermutlich noch viel besser, einzigartig, was er da unter dem von seinem Feuer erhitzten Steinen hervorzog.

Und so taten es auch die Tuareg, die ich viele Jahre später in der Weite der Sahara erlebte: Sie zogen das unter erhitzten Stei-nen gebackene frische Brot hervor, tauchten Stücke davon in eine würzige Soße, in der manchmal ein Stückchen Hammel-fleisch schwamm, und verteilten es an uns alle: Das Festmahl war bereitet, abends, als die Sterne aufzogen. Das war mehr als Überleben, es war gutes Leben, und dessen Geschmack verges-se ich nie. Dazu gab es Tee, den unnachahmlichen Wüstentee, aus grünbraunen Blättern, mit einem leisen Geschmack von Kardamom dabei, sehr süß – und nie weniger als dreimal auf-gegossen, von einem Mann, der im Stehen ausschenkte in die am Boden aufgereihten kleinen Teegläser: treffsicher, minutiös, offenbar von Jugend an geübt. Der Tee sollte durch dieses Ein-gießen aus der Höhe möglichst viel Sauerstoff aufnehmen, so sagte er uns.

Unvergesslich auch die herbe Süße des ersten Aufgusses, der abgerundete Geschmack des zweiten, das stärkere und etwas bittere Aroma des dritten Aufgusses, der dritten Teerunde, vor deren Abschluss kein Gast aufbrechen durfte, ohne den guten Ton der Gastfreundschaft in der Wüste zu verletzen. Dazu wurden herbe Datteln von nur geringer Süße gereicht, an denen die Tuareg auf ihren Touren oft stundenlang kauen, um bei der Hitze die Feuchtigkeit im Mund zu erhalten. Inzwischen wurden in den kalten Januarnächten Rücken und Sitzflächen derer, die hier in der Runde saßen, immer kälter, während die Schuhe, nahe beim Feuer, allmählich zu schmoren begannen. Gerüche und Düfte, dazu der Rauch aus dem Feuer der aufgesammelten, abgestorbenen Tamarisken hüllten uns ein.

Tee: Das ist gewiss nicht nur der exotische Geschmack eines Wüstengebräus, sondern die Wohltat des beginnenden Tages, die eine jede in ihrer Weise und ein jeder in seiner Lieblingsvariante genießen mag. „Morgentau" heißt eine Variante grünen japanischen Tees. Allein die Angebote englischer Frühstückstees aus edelsten indischen Sorten sind kaum zu überschauen, für KennerInnen allerdings unverwechselbar. Und auch hier kommt alles auf die Zubereitung an. Die feinsten Teeblätter übergießt man nicht mit sprudelnd kochendem Wasser, sondern lässt sie behutsam und in der angemessenen Zeit ziehen und gießt sie rechtzeitig ab. Und wie wichtig die Art des Wassers ist! Der gleiche Tee, der in dem Mineralwasser aus den Quellen der Kanaren ein Spitzenaroma hat, schmeckt mit dem harten Wasser von Island zubereitet gar nicht. Ob *first flush* oder spätere Ernte, ob Hochland- oder Hügellandtee, ob Indien oder Nepal: Der Kenner und die Kennerin schmecken dies alles heraus. Die geglückte Tasse Tee zu Beginn und in der Mitte des Tages, die kleine Teepause am Nachmittag: Das ist es, was den Geschmack am Leben, am guten Leben durch die Alltagshetze und Alltagsnöte hindurch lebendig hält.

Sage doch niemand, es reiche zeitlich oder gar preislich nicht mehr für eine Tasse guten Tees! Und wenn wir kostenlose Kräuter pflücken gingen, wie Weißdorn, Lindenblüten, Kamille oder Eisenkraut es sind, oder Apfelscheiben zu trocknen begännen, aus denen ein besonders zart aromatischer, eben apfelfrischer Tee wird. Wie heute jeder und jede weiß, sind diese Tees zudem heilend wirksam: Thymian für die Bronchien, Salbei gegen Angina und Husten, Kamille für Magen und Darm.

Was Tee sein kann, erlebte ich in Ostfriesland nach einem mehrstündigen Küstengang gegen den ungeheuren Wind. Durchnässt vom Meer, mit vor Kälte klappernden Zähnen kam ich zurück: Da gab es ihn, den ostfriesischen, pechschwarzen, starken Tee mit einem Schuss Milch und Kandiszucker, vielleicht sogar mit einem Schuss Rum. Das alles serviert in der Delfter Kanne auf dem Stövchen, unter dem das Teelicht brennt. Da wachen die Lebensgeister auf. Er war nicht nur umwerfend gut und floss tröstend durch die rau gewordene Kehle. Es war mehr: Heimkommen, Geborgenheit, Geschmack am guten Leben.

Lasst uns zum Kaffee übergehen! Eingedenk des Spruches, den Mozart in seinem Kanon so unübertrefflich komponiert hat, sodass er uns, in der Kaffeerunde gesungen, nur noch mehr zu diesem köstlichen Getränk animiert:

„C-A-F-F-E-E – trink nicht so viel Caffee!"

Fälschlicherweise und ganz unbewusst habe ich jahrelang gesungen: „stärkt die Nerven", während es da doch ausdrücklich heißt: „schwächt die Nerven, macht dich matt und krank". Es muss damit zusammenhängen, dass ich mir einfach gar nicht vorstellen kann, dass Kaffee die Nerven schwächt (was Mozart auch sicher selbst nicht glaubte, sondern es hier nur ironisierte), weil mich selbst eben eine Tasse Kaffee – guter muss es sein – im Alltag ungemein stärkt und erfrischt, vor allem nach dem Mittagessen und vor Beginn der Nachmittagsarbeitszeit.

Aus Mozarts Kanon weht einem zudem ein Hauch von orientalischem Bazar an. Inmitten unvergleichlicher Gerüche wird – ich war dort – um Zimt und Safran gehandelt, nie ohne eine

Tasse Kaffee, nie ohne Tee. Gehandelt wird mit Vergnügen, mit Palaver, mit Gelächter um die köstlichsten und nichtigsten Dinge. Und selbst wenn man geht, ohne gekauft zu haben, scheint niemand das Palaver und den aufgewendeten Kaffee oder Tee zu bereuen. Das ist Lebensqualität. Selbst wir Europäer halten keine Besprechung, keine Sitzung, schließen keine Verträge ab, ohne einander Tee oder Kaffee anzubieten – Gott sei Dank!

Spitzenreiter im Kaffeebereiten scheinen mir im mitteleuropäischen Raum die Österreicher zu sein, vielleicht auch durch ihre – historisch belegten – Begegnungen mit den Türken, die viel von Kaffee verstehen. So sprach bekanntlich Mozart in dem Kanon von dem „Türkentrank": „Nichts für Kinder ist der Türkentrank". Da gibt es nun in Österreich den großen Braunen, die Melange, den kleinen Schwarzen etc. – und dazu um Wien herum eine ganze Kaffeehauskultur. Wenn man auch nur einmal daran genippt hat, merkt man, was einem woanders fehlt: eine ganze Kommunikationskultur rund um dieses aromatische Getränk, zu dem man außerdem die köstlichsten Beigaben in Form von Gebäck gereicht bekommt. Felix Austria! Kein Wunder, dass die österreichische Schriftstellerin Ingeborg Bachmann an so vielen Stellen ihres Werks den in ihren Augen vergleichsweise miserablen deutschen Kaffee beklagt, der ihr auf ihren Lese- und Vortragsreisen allerorten vorgesetzt wurde.

Oder läuft Italien dem Kaffeeland Österreich den Rang ab mit Espresso und Cappuccino oder tut es gar die Schweiz mit ihrem Café crème bzw. mit ihrem schlichten Milchkaffee aus zwei Dritteln Milch und einem Drittel Kaffee? Die Türken jedenfalls haben ihren eigenen Urkaffee, heiß überbrüht, in dem der Satz noch schwimmt und den sie noch immer gerne aus silbrigen und kupfrig schimmernden Gefäßen eingießen.

Die traditionelle und viel belächelte deutsche Nachmittagskaffeerunde mit Kuchen in der Familie oder im Freundeskreis, sie sei, wo sie noch lebt, gepriesen. In meiner Ursprungsfamilie lebte sie so lange wie meine Eltern, war eine unerschöpfliche Quelle der Kommunikation, der gegenseitigen Information, des Aneinander-Teilhabens und -Teilgebens. Wenn ich, längst in anderen Städten lebend, zufällig nachmittags gegen halb vier auf der Autobahn an meiner Heimatstadt vorbeikam, konnte es vorkommen, dass ich – obgleich zu ganz anderen Orten unterwegs – abbog, um in die zuverlässig stattfindende Kaffeerunde der Familie hineinzuplatzen. Zu der Kaffeerunde gehörten natürlich die mit frischen Erdbeeren, mit Stachelbeeren und Rhabarber aus dem Garten belegten Hefekuchen, im September der unvergleichliche Zwetschgendatschi. Ich wurde bei dieser Kaffeerunde allezeit mit Hallo empfangen und hatte nebst gutem Kaffee, der die Weiterfahrt beflügelte, alle nötigen Informationen über das Ergehen meiner Familie eingeholt.

Wie wir es schon beim Geruch entdeckten, der mit dem Geschmack so eng zusammenspielt: Geschmack weckt Erinnerungen, vor allem die frühen, aber auch die an gute Stunden des Erwachsenenlebens, ja der Liebe, so wie es Hermann Broch in seinem Gedicht *Kulinarisches Liebeslied*[39] ausspricht und in dem er fragt: „Weißt du's noch?"

„Damals aßen wir zart-jungen Mais mit Butter; die Spitzen waren weich und die Kolben ganz weiß." Und er lässt die Partnerin die Antwort geben: „Oh, ich weiß, ich weiß!" Sie wird ihm auch durch das gemeinsame Essen verbunden gewesen sein, um das es in dem Gedicht weiter geht. Und am Ende findet sie dadurch sozusagen eine Formel für lang anhaltende Beziehungen: „Wen's freut, den andern essen zu sehn, / des Liebe wird täglich und nächtlich aufs Neue erstehn / und nimmer vergehn."[40] Liebe geht bekanntlich durch den Magen. Essen, Schmecken, Riechen und Erinnerung: Wie eng sind sie aneinandergebunden!

Welche weiteren Geschmackserlebnisse soll ich rühmen, ohne andere zu kurz kommen zu lassen? Wenn wir denn schon bei Erinnerungen sind, wären da die Früchte. Weit in die frühe Kindheit zurück bis damals, als ich drei, vier Jahre alt war, reichen bei mir die Erinnerungen an den Geschmack bestimmter Früchte und die damit verbundenen Erfahrungen.

Die frühen Herzkirschen, die knackigen und relativ hellen, gehören für mich zu einem weitverzweigten Kirschbaum, in dessen Ästen wir Kinder herumkletterten und unermüdlich aßen und schließlich ganz still in den Zweigen saßen, während eine Cousine, nur wenig älter als ich, Geschichten erzählte, darunter auch gruselige, bis die Dämmerung hereinbrach und wir nach Hause gerufen wurden. Seitdem suche ich in jedem frühen Juni eben diese Kirschensorte mit genau diesem Geschmack und sitze in Gedanken wieder hoch in jenem Baum und höre Geschichten.

Oder da ist die Erinnerung – ich war höchstens vier – an den alles überbietenden Geschmack der großen weißen Pfirsiche von einem niedrigen Baum an unserem Gartenzaun, der gar nicht viel trug, er war noch jung. Aber die zehn, zwanzig Pfirsiche, die an den Zweigen hingen, waren die Pfirsiche meines Lebens. Ich pflückte immer einmal einen von ihnen ab, der gerade reif war, was mir jeder von der Familie gönnte, legte mich mit ihm, der mir so groß erschien wie ein Ball, mitten in den Rasen und biss hinein, bis mir der Saft übers ganze Gesicht bis in die Ohren tropfte. Dies war unendliche Lust, dies war Sommer. Triefend vor Saft, holte ich Bissen für Bissen aus dem auf der Zunge schmelzenden Fruchtfleisch, spürte dem zart-säuerlichen und doch so süßen Aroma nach, wunderte mich, wie etwas so herrlich schmecken konnte, und blickte dabei in den tiefblauen Himmel, in dem die Vögel in großer Höhe kreuzten. Es war ein Glücksgefühl, das ich kaum beschreiben kann und das ich für immer mit dem Geschmack der weißen Pfirsiche verbinde. Wie schwer konnte ich es fassen, dass im Jahr 1944 eine Fliegerbombe, die den ganzen Garten in einen Trichter verwandelte, auch diesen Pfirsichbaum zerriss. Doch trieb der zurückgebliebene Stamm des Bäumchens erneut, und einige Jahre nach dem Bombenkrieg konnte ich wieder weiße Pfirsiche davon pflücken. So ist für mich der weiße Pfirsich auch zu einem Gleichnis für die große Kraft des Lebens geworden, Zerstörendes zu überwinden.

Ein anderes Beispiel seliger Gier fällt mir aus meinem Erwachsenenleben ein: Nach fast zwei Wochen Aufenthalt in der Sahara des südlichen Algerien und einer mühseligen mehrtägigen Rückfahrt durch Geröllhalden bei großer Hitze langten wir, schon in den frühen Abendstunden, in der malerischen Stadt Ghardaja an. Wie im Orient üblich, war der Markt noch in den Abend hinein, da es kühler wurde, geöffnet und im Gange, und wir erspähten einen Stand mit Mandarinen. Ausgetrocknet, wie wir waren, durstig bis in die letzte Pore, dazu nach der einseitigen Wüstenkost nach Frischem ausgehungert, stürzten wir uns auf die Mandarinen mit ihrem starken Aroma und ihrer feinen Säure, rissen sie aus ihren weichen Schalen und verschlangen sie, Dutzende und Aberdutzende und noch ein Netz voll und noch eine und setzte an, uns ein weiteres Kilo zu kaufen. Wir waren wie in Ekstase, lachten und aßen und lachten. Was war Geschmack am guten Leben, wenn nicht dies! Es wog unzählige Momente der Entbehrung auf. Wieder zeigt sich, dass der Geschmack am guten Leben, ja der Geschmack an jeder Frucht vor dem Hintergrund von Entbehrungen, sogar von selbst gewählten, besonders intensiv werden kann. Wie schmeckt der erste Apfel, der erste grüne Salat nach längerem Fasten! Wie fein wird die Zunge nach einiger Entwöhnung! So können zeitweilige Entbehrungen, wie man sie sich gelegentlich bei einer langen Bahnreise oder einer ausgedehnten Radtour zumutet, besser ertragen werden, wenn wir uns vorfreuen auf den in absehbarer Zeit wiederkehrenden Genuss einer Frucht, eines Joghurts, eines Salates oder eines gut zubereiteten Fisch- oder Fleischgerichts. Schwer ist es, wenn diese Wiederkehr nicht gewährleistet ist, sei es durch eine Erkrankung, die zu strenger Diät zwingt, sei es durch äußere bittere Not. Wie Brot schmecken kann, weiß ich wie viele mit mir, seit wir unmittelbar nach dem Zweiten Weltkrieg, als die Versorgung zusammengebrochen war, die bei den Bauern erhamsterten Brotscheiben abzählten.

Gerade wenn wir uns wieder bewusst machen, wie ein gutes Lebensgefühl und wie Geschmack am Leben mit der Fähigkeit zu schmecken, zu kosten, zu genießen, zumindest satt zu werden zusammenhängen, kann es uns nicht gleichgültig sein, wenn andere neben uns hungern. Es ist nicht mehr und nicht weniger als ein Skandal. Erträgt man es schon schwer, wenn es einem oder einer, die zur Tischrunde gehört, nicht recht schmeckt, so ist es vollends unerträglich, wenn in der nächsten Nachbarschaft einer hungert, denn Essen ist Leben pur. Unerträglich unter dieser Perspektive von den Abertonnen des feinsten Weizens zu wissen, die nahe der Schwarzmeerküste in der Ukraine lagern, für Afrika bestimmt, für hungernde Menschen – und sie können nicht angeliefert werden wegen Putins Krieg. Unfasslich einfach. Unerträglich.

Der Traum eines Mädchens aus einer der besser gestellten indischen Gesellschaftsschichten mag dies erläutern: Im ersten Teil des Traums vermag sie ihr gut zubereitetes Essen, Fleisch und indische Soßen, auf einmal nicht mehr zu genießen, weil sie unten auf der Straße die hungernden Menschen rumoren hört. Im zweiten Teil wird ein Vermittler hinuntergeschickt, der die Menschen zu beschwichtigen versteht, indem er auch einiges Brot unter sie verteilt. Der Appetit kehrt aber nicht mehr wieder, sondern Angst greift an der Tafelrunde um sich. Erlöst von dem Druck werden die dort Versammelten erst dann, als sie nicht nur Brot zu den Hungernden hinunterschicken, sondern auch von allem anderen, von dem Besten ihrer Speisen. Erst jetzt können sie selbst wieder mit Appetit etwas zu sich nehmen. Der Traum gipfelt in dem lapidaren Satz, den das Mädchen an seinem Familientisch vernimmt: „Es hilft nichts, wir müssen einfach teilen, sonst schmeckt es uns selbst nicht mehr."

Satt werden zu können, ist elementares Bedürfnis. Aber schmecken soll es auch. Nur wo es schmeckt, finden wir, auch in Notzeiten, den Geschmack am Leben wieder. Wie tief das Schmeckenkönnen mit unserem Lebenswillen, unserer Lebensfähigkeit zusammenhängt, zeigte uns der zu Anfang erwähnte bemerkenswerte Versuch, von Demenz bedrohte Menschen durch Schmecken wieder zu verlebendigen.

In seinem Gedicht *Mund* fasst Hans Magnus Enzensberger auf sehr subtile Weise zusammen, wie wir über die Geschmacksorgane des Mundes das ganze Leben auf eine unverwechselbare Weise „schmecken". Er erzählt davon, wie der Mund eines Kindes alles ausprobiert: Wärme und Kälte zu unterscheiden lernt, den Sand aus dem Sandkasten schmeckt und den Bleistift zerkaut. Und er fährt fort, die Erfahrungen des Mundes zu beschreiben als das, was ein Mund weiß: „... Kennt Milch und Blut, Brot und Wein, Zucker und Salz, hat unterschieden Morsches von Dürrem, Schleimiges von Verbranntem. Hat sich gegen das Übel gewehrt mit Lirum und Larum, Hustensaft und Oblaten."[41] Die letzte Strophe dieses Gedichts imaginiert dann, wie ein Mund den Tod erfahren mag. Mir geht es aber darum, wie wir über den Mund das Leben erfahren können, den Geschmack am guten Leben.

Eine Frage zum Schluss: Wenn es schon schmecken soll, um den Geschmack am Leben wieder zu wecken, wie steht es dann mit der sogenannten gesunden Ernährung, die heute so vielen verordnet wird und die sie sich selbst verordnen? Ich höre noch den Seufzer eines Freundes: „Und dabei esse ich doch so gerne ungesund!" Nur wenn sie auch schmeckt, wird die Kost gesund sein, wird sie angenommen werden und wirklich gesund ernähren. Gute vegetarische Kost bzw. Vollwertkost, die köstlich schmecken kann, besteht eben in einigem mehr als dem bloßen Weglassen von Fleisch. Es braucht bewusste Kochkunst, vor allem die Kunst des Würzens – mit Kräutern zum Beispiel statt mit Kochsalz. Es braucht sorgfältiges Abschmecken und sensibles Dämpfen, das den Eigengeschmack der Gemüse nicht verkocht, sondern voll zur Geltung bringt. So mancher hat an bissfesten Karotten oder Bohnen zum ersten Mal geschmeckt, wie köstlich Vegetarisches mundet! Salate wiederum leben (und sterben) mit ihrer Soße. Würzig und mild zugleich soll sie sein. Ob auf Joghurtbasis oder auf der von gutem Olivenöl: Hauptsache, es schmeckt! Eine meiner Freundinnen ließ sich, nachdem ihr eine Diät verordnet wurde, zu der wundervollen Formulierung hinreißen: „Ich mache jede Diät zum Fest!" Sie verstand eben zu kochen und war längst auf den Geschmack am guten Leben gekommen.

Nun gibt es seit einiger Zeit neben der nun schon klassisch vegetarischen auch die vegane Ernährungsweise. Nichts dagegen, wenn sie schmeckt und nährt und mit gutem ökologischem Gewissen verbunden ist. Eine Frage nur, wenn man den einzigartigen Geschmack von gutem Fleisch auf künstlichem Wege wiedergewinnen will. Ob diese künstlichen Produkte den Geschmack und damit auch den Geschmack am Leben vertiefen oder auch verringern – die Frage bleibt.

Die vegetarische und gar die vegane Ernährung ist seit einiger Zeit zu einem echten Trend geworden und in einer Welt der Geschmackswerbung angekommen. Die hoch verarbeiteten Lebensmittel mit besonderen Geschmacks- und manchmal recht seltsamen Inhaltsstoffen schmecken vielleicht gesund, sind aber vielleicht manchmal nicht besser und auch nicht gesünder als z. B. Fast Food, selbst wenn keine tierischen Produkte enthalten sind.

Zudem kommt es vor, dass sich heute manche im Optimierungswahn eine vegane Ernährung nur antun, damit sie gesund und einer neuen Norm entsprechend leben, aber diese Ernährung für sie dadurch beinahe zum Zwang wird, ohne dass sie das vegane Essen wirklich genießen. Damit hätte aber das Schmecken seinen ursprünglichen Bezug zu Lebensfreude und Lebenssinn eingebüßt.

# TASTEN:
## Von der Zärtlichkeit des Lebens

Am Anfang unseres Bewusstseins steht die existenzielle Wahrnehmung, einen Körper zu haben. Nur er spürt, wo er anfängt und wo er aufhört, kann sich also als psycho-physische Einheit, als zur Umwelt abgegrenzter Organismus erleben[42] – und dies vor allem anderen aufgrund seines Tastsinnes.[43] Ohne Tastsinn wäre es kaum möglich, in der Natur zu überleben: eingelagert in die gesamte Hautoberfläche erkundet er unablässig, was von außen herantritt, und erfüllt so eine unentbehrliche Schutzfunktion. Eine spezielle Studie zum Thema „Tasten" verdanken wir Prof. Hartmut Grunwald, dem Leiter des einzigen und einzigartigen Forschungszentrums für Haptik in Deutschland, das der Universität Leipzig angeschlossen ist. *Homo hapticus. Warum wir ohne Tastsinn nicht leben können*[44], so der Titel seines grundlegenden Buches, das als das Wissenschaftsbuch des Jahres 2017 ausgezeichnet worden ist. Berühmt wurde zudem Grunwalds Versuch, magersüchtigen Patienten, die den Sinn für ihre Körpergestalt verloren hatten, durch die zeitweilige Anpassung von engen Neoprenanzügen das Gefühl für ihre Körpergrenzen und damit für ihre Gestalt wiederzugeben.[45] Nach Grunwald stellt der Tastsinn eine Basismatrix, eine Grundlage für alle anderen Sinne, dar. Nur wenn ein Organismus über den Tastsinn eine Beziehung zu sich selbst und zur Außenwelt entwickelt hat, können die akustischen und die olfaktorischen Reize, die Riechreize wie auch die des Schmeckens für ihn überhaupt bedeutsam werden. Schon die vorgeburtliche Körpererfahrung des Embryos entwickelt sich mithilfe des Tastsinnsystems.

Unser Tastsinn, der Haut des ganzen Körpers eigen, vor allem aber den Tastorganen unserer Hände, den Fingerkuppen, ist einer unserer ursprünglichsten Sinnesorgane. Von den ersten Lebenstagen an vergewissern wir uns mit ihm der Wirklichkeit unserer selbst, eines anderen Menschen und der ganzen Umwelt. Er regt sich sogar schon im Mutterleib und ermöglicht, dass der Embryo nach nur acht Wochen dort auf Berührungen reagiert.

Die Haut ist unser ausgedehntestes Sinnesorgan, sie umfasst etwa zwei Quadratmeter, und in ihr sind die frühesten Berührungen eingespeichert, zärtliche oder rauere, liebevolle und abgrenzende. Über die Haut lernen wir unser eigenes Körperbild, unseren Körper selbst kennen. Im Ertasten und Ertastet-Werden unserer Körpergrenzen, die wir als kleines Kind allmählich von denen der Mutter, des Vaters, der Geschwister und der übrigen Bezugspersonen zu unterscheiden lernen, erleben wir uns selbst. An der Erfahrung unseres eigenen Körpers lernen wir allmählich, „Ich" zu sagen, und an der Erfahrung am Körper unseres Gegenübers auch „Du".

Ob wir uns wohlfühlen in unserer Haut, hängt ursprünglich damit zusammen, in welchem Grad wir schon als Kinder unseren Körper als einen zart und zärtlich zu berührenden und berührten, ja als einen geliebten erfahren konnten oder ihn doch wenigstens später in einer erwachsenen Liebesbeziehung so erleben durften und dürfen. Es ist kaum zu unterschätzen, wie wichtig es für unser Basiswohlgefühl in unserem Körper und für unser späteres Selbstwertgefühl ist, ob unsere Haut während der ersten Tage, Monate und Jahre unseres Lebens genügend Berührung durch liebevolle Hände erfahren hat.[46]

Zu früh geborene Kinder brauchen, auch wenn sie eine Weile im Brutkasten verweilen, täglich Hautkontakt und Massagen, damit sie sich entwickeln können. Nicht weniger wichtig ist es, ob unsere Hände, unsere Fingerspitzen, unser ganzer Körper früh gelernt haben, zart und zärtlich auf Berührungen zu antworten, liebevolles Streicheln ebenso zu erwidern. Davon hängt es ab, ob wir uns als Jugendliche oder als Erwachsene leichter oder schwerer damit tun, Zärtlichkeit zu geben und auszutauschen.

Ein Baby bliebe ohne Berührung in seiner körperlichen und geistigen Entwicklung zurück. Ein Mangel an Körperkontakt führte zugleich zu einer Steigerung des Stresshormonspiegels, was wiederum das Wachstum wie auch die ganze mentale und motorische Entwicklung hemmte.[47]

Doch lässt sich hier im Lauf des Lebens sehr vieles hinzulernen und einander liebevoll erschließen, selbst wenn es in diesem Bereich in der Ursprungsfamilie eher karg zugegangen wäre. Und dabei ist mit zu karg geratenen Körperkontakten meist noch um einiges leichter umzugehen als mit zu nahen, die als übergriffig empfunden werden können. Zu ertasten wäre bei jeder Berührung, vor allem aber bei der Berührung eines anderen Menschen die stimmige Ausgewogenheit zwischen zugelassener Nähe und eingehaltener Distanz. Nur so kann über Berührung hinaus Begegnung entstehen.

Ist auch die Berührung von Körper zu Körper, von Haut zu Haut das Früheste, was unser kleiner Leib, von der Mutter oder anderen Bezugspersonen gewaschen, gebadet, gewickelt und gestillt, erfahren haben mag, so folgt doch sehr früh unser eigenes Ertasten der ganzen Umwelt. Alles wird angefasst, betastet, ergriffen und schließlich begriffen. In der ersten Zeit wird darüber hinaus alles zum Mund geführt, abgeschleckt und dabei geschmeckt: das erste Spielzeug aus Holz, aus Zelluloid, aus Stoff ... So bildet sich aus dem Betasteten und Beleckten unser *taste*, unser Geschmack am Leben heraus – im englischen Wort taste steckt der Wortstamm für tasten noch in dem Begriff –, und wir spüren bald, was uns Wohlgefühl und was uns Missbehagen bereitet. Wir spüren weich und hart, rund und spitz, glatt und rau, stumpf und scharf in allen verschiedenen Graden und Nuancen. Kein Kind, das sich nicht zuerst einmal an zu heißem Wasser, an der Herdplatte, am Streichholz hat verbrennen müssen, ehe es die feinen Unterschiede zwischen Wohltuendem und Wehtuendem begriffen hat. Kein Kind, das sich nicht einmal mit dem Messer geschnitten, das sich nicht beim Hinfallen die Knie aufgeschlagen hat, ehe es versteht, dass die

Haut verwundbar ist und geschützt werden muss vor Rissen, Stößen und Schnitten. Durch Dornen muss man beim Spielen gekrabbelt, mit Brombeerhecken, Disteln und Brennnesseln in Kontakt gekommen sein, auch mit der Grobheit anderer Kinder in Berührung geraten, ehe man begreift, was man an seiner Haut hat, wie man sich seiner Haut wehrt und wie man notfalls seine Haut retten kann.

Tasten: Das ist noch viel mehr! Über das Fell einer Katze zu streicheln, einen Hund zu kraulen, feinen Sand durch die Finger rieseln zu lassen, eine scharfe Muschel mit ihrem weichen Kern abzutasten, feuchten Lehm zu kneten, aus dem sich Figuren formen lassen ... Am Morgen durch taufeuchtes Gras zu gehen, am Mittag über runde Kiesel in den See zu waten, das Wasser zu spüren an den Knien, an Hüften und Bauch und schließlich ganz hineinzutauchen, unterzutauchen, und da das Wasser im ganzen Gesicht zu spüren, im Haar, am Hals, und sein Hineinschießen durch die Nase in den Hals zu erleben. Das alles bedeutet, seinen Tastsinn zu erfahren, den Sinn für Berührung. Körperlich verbunden zu sein mit dem Fluss, dem See oder dem Meer, wenn sie die ganze Haut des Körpers umströmen und umschmeicheln, zu spüren, ob es da die Temperatur von 16 oder 22 Grad hat – das ist hautnahe Berührung mit dem Leben, das heißt, die Zärtlichkeit des Lebens zu spüren. Wie fühlt doch die ganze Haut das Fließen des Wassers, wenn ich im Fluss gegen die Strömung anschwimme oder mich gegen den Wind auf einem Damm anstemme! Wie er an den Haaren reißt und den Rücken anschiebt und wie man sich, wenn man sich umdreht, auch mit dem Rücken gegen den Wind lehnen kann! Das ist Kontakt mit der Dynamik des Lebendigen! Im Winter gilt es, den Schnee in die Hand zu nehmen, im Schneegestöber die Flocken auf der Haut zu spüren – und dann ins warme Haus zu treten, umfangen zu sein von Wärme und Wohlbehagen. Die Wahrnehmung von Kälte und Wärme wird übrigens heute als ein eigener weiterer Sinn über die fünf klassischen Sinne hinaus betrachtet, ebenso wie der Sinn für das Gleichgewicht.

Wasser auf der Haut, Wind auf der Haut, Sonne auf der Haut: „Nichts Schöneres unter der Sonne, als unter der Sonne zu sein!" – so sagt es Ingeborg Bachmann in ihrem großen Gedicht *An die Sonne*[48]. Dies sind die Liebkosungen der Natur! Und es ist uns frei belassen, sie wahrzunehmen, anzunehmen in dem uns bekömmlichen Maß. Zweifellos sind sie ein Lebenselixier für den ganzen Organismus und für die Psyche dazu, die ihm innewohnt. Kein besseres Mittel weiß ich gegen Depression als Sonne, Wind und Wasser, kein besseres gegen Hautkrankheiten und Erkrankungen der Atemwege, als in der feuchten salzigen Luft, im Sprühregen des Meeres zu gehen, die Strömung mit der ganzen wahrnehmbaren Muskulatur des Körpers zu spüren. Sich wohlzufühlen in seiner Haut setzt voraus, dass wir diese Haut in Kontakt bringen mit der umgebenden Natur, mit der sie wie die Blätter der Bäume nur in Osmose leben kann.

Die Haut ist unser Kontaktorgan. Nackt sind wir schutzlos. Aber nur nackt können wir die volle Berührung der Liebe erfahren. Liebesfähigkeit setzt den Mut zur Ungeschütztheit voraus. Um Übergriffe abzuwehren – vielleicht früh erlebte –, hat jedoch so manche, mancher von uns gelernt, die Stacheln aufzustellen wie ein Igel. Gewiss gewährt das Schutz, aber es macht auch jede Annährung, jedes Streicheln, jede Umarmung unmöglich.

Ein anschauliches Märchen aus der Sammlung der Brüder Grimm, *Hans, mein Igel*[49], weiß von der Not und der schließlichen Erlösung eines Jungen zu erzählen, der – wohl wegen der Übererwartung, die seine Eltern schon vor seiner Geburt auf ihn richteten – als Igel, mit einer Igelhaut voller Abwehrstacheln geboren wird. Daraufhin lehnt ihn der Vater, der sich in seiner Hoffnung auf einen tüchtigen Hoferben enttäuscht sieht, so vehement ab, dass er nur noch wünscht, der Igelsohn möge sterben. Die Mutter vermag dem nichts entgegenzusetzen. Der Junge, der sich in seiner Einigelung trotz allem so erstaunlich überlebensfähig und winterfest wie ein richtiger

Igel erweist, lernt sich durchzubringen und durchzusetzen. Nur eines lernt er nicht in dieser Igelhaut: einen Menschen an sich heranzulassen. Und als ein erster König sein Wort bricht, der ihm als Gegengabe für eine Hilfeleistung heuchlerisch seine Tochter versprochen hat, da lässt Hans seine lebenslang angestaute Wut erbarmungslos an dieser „falschen Braut" aus, indem er sie mit seinen Stacheln sticht, sodass sie „entehrt war ihr Lebtag", wie der Erzähler berichtet.

Doch auch er, dem es keiner zutraut, vermag schließlich sein Igelsein zu überwinden: Denn als sich ihm eine andere Königstochter trotz ihrer Furcht vor seinen Stacheln offen anvertraut, da spürt er, dass nur Offenheit und Ungeschütztheit Nähe ermöglichen können. Nun wagt und vermag er es, aus Liebe zu dieser wagemutigen Frau ein Riesenfeuer zu entfachen und seine Igelhaut wahrhaftig zu verbrennen. Verwundbar und verwundet, aber befreit von dem lebenslangen Stachelkleid, von der Automatik des Stachelstellens, bleibt er zurück, zur Liebe nun bereit und fähig.

Einen solchen Moment ungeschützter Begegnung und Vereinigung zweier Menschen, Frau und Mann, fand ich von Hanns-Josef Ortheil[50] beschrieben: Wie der Mann da förmlich spürte, wie die Enge des Raums die Sehnsucht der beiden Körper verstärkte. Er zog die Frau an sich, sie schmiegten sich eng aneinander, er hörte, wie sie tief ausatmete, und auch er begann, tief, aber gleichmäßig zu atmen, langsam, allmählich fanden diese Rhythmen zusammen, dann atmeten sie in einem Rhythmus, bewegten sich nicht, standen und hielten sich eng umschlungen, es war wie eine Erlösung: „Ich schloss die Augen, ich hörte die nahen Wellen, durch eine kreisrunde Öffnung in der Hinterwand der Kabine drang etwas Wind in den Raum, wir standen bewegungslos, minutenlang wie ineinander verwachsen, dann küsste ich ihre Stirn, die Schläfen, den Mund, unsere Lippen trafen ganz weich aufeinander und öffneten sich fast zugleich ..."[51]

Unter allen unseren Sinnen ist der Tastsinn einzigartig: das einzige Sinnesorgan, das uns die Welt durch unmittelbaren körperlichen Kontakt als ein konkretes Gegenüber erschließt. Er entwickelt sich als erster der fünf Sinne und ist beim Neugeborenen bereits viel stärker entwickelt als der Hör- und der Sehsinn. Sofort reagiert es, wenn man es nach der Geburt in den Arm nimmt. Wie rasch schließen sich die winzigen Fingerchen um einen Daumen, den man ihm hinhält! Wie ertastet es die Brustwarzen der Mutter, um gestillt zu werden; wie wendet es das Köpfchen der Mutter zu, wenn sie auch nur auf zarteste Weise sein Gesicht berührt!

Die Botschaften des Tastsinns reichen über alle Sprach- und Kulturbarrieren hinaus, auch wenn sie unterschiedlich gehandhabt werden. So ist, wie auch Ratey beobachtet[52], körperliche Berührung unter US-Amerikanern im Alltag weitaus seltener, sie ist ihnen weniger angenehm als sie zum Beispiel Franzosen oder Italienern ist, die, in einem Café zusammensitzend, innerhalb von dreißig Minuten ihre Gesprächspartner bis zu zweihundert Mal zufällig leicht berühren können – mit der Hand, am Arm, durch freundschaftliches Schulterklopfen –, während US-Amerikaner im gleichen Zeitraum nur etwa zwei Berührungen riskieren. Auch die elterliche Liebkosung soll bei jenen vergleichsweise karg sein. Kulturvergleichende Untersuchungen haben andererseits gezeigt, dass in Gesellschaften, in denen Eltern ihren Kindern mehr körperliche Zuwendung zeigen, die spätere Gewaltbereitschaft niedriger ist.[53] Dass gesellschaftliche Veränderungen möglich sind, die auch im Körperlichen ihren Ausdruck finden, zeigte sich in Deutschland innerhalb einer, meiner Generation, in der nach der Blumenkinder- und Solidaritätsbewegung der Jugendlichen und Studenten eine größere Zärtlichkeit im alltäglichen Umgang, bei Begrüßungen und Verabschiedungen häufiger geworden ist – was nun gerade während der Coronakrise vielfältige Verlegenheiten und Verlassenheitsgefühle auslöste. Die gewohnte und vertraut gewordene körperliche Berührung – ein Begrüßungsküsschen oder auch eine herzliche Umarmung – waren riskant geworden wegen der Ansteckungsgefahr. Dementsprechend stieg zu dieser Zeit der Bedarf nach therapeutischer Begleitung erheblich an.

Weniger bekannt ist, dass der Tastsinn die Entwicklung und die Ausdehnung unseres Gehirns entscheidend beeinflusst und somit für das Wachstum, die Kommunikation, das Lernen und letztlich für das Überleben eine Schlüsselrolle spielt: „Wenn man beobachtet, wie ein Baby tastet, kann man die Entwicklung von Intelligenz in der Großhirnrinde nachvollziehen.“[54]

Sämtliche taktilen Informationen über unseren Körper werden uns durch den Tastsinn vermittelt, der sie auf drei sensorischen Ebenen wahrnimmt und überträgt: auf der Ebene der Hautstimulation, auf der Ebene der Körperposition im Raum samt den Körperbewegungen und schließlich auf der Ebene der Abläufe im Körperinneren, zu denen Herzschlag und Blutdruck gehören.[55]

Tasten: Das heißt immer auch, im Dunkeln zu tasten. Orientierung zu ertasten im Raum. Selbst auf dem Gelände eines geliebten Körpers gilt es immer wieder Orientierung zu ertasten, Zärtlichkeit zu erschließen, Freude und Lust. Eine der höchsten Ekstasen des Lebens ereignet sich doch über die Begegnung lebendiger, tastender, sich berührender und begegnender Leibhaftigkeit.

Tasten im Dunkeln: Was dies ist, erahnen wir immer wieder, wenn wir das Tasten erblindeter Menschen mit ihrem Stock beobachten, wobei ihnen das Gehör wertvolle Dienste leistet. Bei ihnen erkennen wir auch, welche Formbarkeit unser Gehirn besitzt: So erwiesen es Untersuchungen, die zeigten, dass bei sehbehinderten Menschen, die auch die Brailleschrift[56] mit den erhobenen Punkten oder durch das „Lormen“ der verschiedenen Handbereiche die damit verbundenen Bedeutungen durch Abtasten entziffern, nicht nur die für Berührung zuständigen Gehirnbereiche aktiviert wurden, sondern auch das Areal im hinteren Teil des Gehirns, das für das Sehen zuständig ist, der visuelle Kortex also, die Sehrinde. Die dort lokalisierten Neuronen, die ursprünglich für das Sehen verschaltet sind, werden bei blinden Menschen für den Tastsinn eingesetzt. Die Sehrinde hilft, den Tastsinn zu optimieren.

Neurologische Befunde zeigen überdies, dass Blinde besser zu hören vermögen als Sehende. Der Bereich des Gehirns, der fürs Hören zuständig ist, ist bei blinden Menschen besser entwickelt. Die Raumorientierung erfolgt hier unter anderem durch den Widerhall der Klopfgeräusche des Stockes, überhaupt durch die Wahrnehmung der Echowirkungen. Noch besser entwickelt ist bei blinden Menschen natürlich der Tastsinn.

Eine ähnliche Beobachtung macht man übrigens bei der Raumorientierung durchaus sehtüchtiger professioneller Spieler bei Tennis- oder Tischtennisturnieren: dass die taktilen Fähigkeiten und Wahrnehmungen durch eine verfeinerte Aufnahme von Geräuschen beim Aufprall des Balls mitgesteuert sind. Wenn zum Beispiel während eines Spiels ein Zug in der Nähe vorüberdonnert, zeigen sich die Spieler irritiert, da sie die Geräusche des Balls im alles übertönenden Lärm des Zuges nicht mehr genau verorten können, damit aber auch im taktilen Aufnehmen und Zurückschlagen des Balles etwas eingeschränkt sind.

Für alle Menschen gilt, dass sie ihre Sinneswahrnehmung nicht erst bei einem Ausfall der Sinne, sondern ebenso durch deren bewussten Gebrauch, durch Übung ungleich verfeinern und sensibilisieren können. Damit wächst ihr Geschmack am Leben überhaupt, erweitert sich das Wahrnehmungsvermögen ihrer selbst und der Welt. Unser Tastsinn vermag sich zu differenzieren, zum Bespiel durch bewusstes Betasten von Formen und Materialbeschaffenheit von Blättern und Rinden, von rauen Schalen bei Früchten und Gemüsen, von Oberflächen bei Stoffen wie Seide, Samt, Wolle, Leinen, Cord oder von Hölzern, Möbeln und Wänden.

Fingergeschicklichkeit und Tastsinn erfordert zudem das heute allgegenwärtige Berühren- und Betätigenmüssen von Geräten, der Tastenfelder von Smartphones, Laptops und anderen elektronischen Medien, wie es schon früher immer das sehr viel kunstfertigere Anschlagen der Tastatur von Cembalos oder Klavieren voraussetzte. Ausdrücklich spricht man von anschlagbaren Tasten bei diesen und ähnlichen Instrumenten. Aber auch das Zupfen und Streichen von Saiten der Gitarre, der Zither oder Harfe geschieht durch die betastenden, testenden Fingerkuppen. Das Wahrnehmen von Fibration beruht ebenfalls auf unserem Tastsinn. Bei Geigern hat man übrigens das Hirnareal der für das Berühren der Saiten zuständigen linken Hand vergrößert vorgefunden.

Eindrucksvoll war für mich die autodidaktisch wiedergewonnene Fingerbeweglichkeit, die eine Freundin nach einem komplizierten Handgelenkbruch durch unermüdlichen Umgang mit einem Tast- und Tasteninstrument, ihrem Klavier, erreichte.

Am eindrucksvollsten drückt sich das Tast- und Fühlvermögen der Hand jedoch in ihrem schöpferischen Gestaltungsvermögen aus, im plastischen Formen von Ton wohl am unmittelbarsten, aber letztlich in allen Formen der Bildenden Kunst, von Riemenschneider bis zu Barlach, Käthe Kollwitz und heute zu Emilia Neumann oder Rachel Whiteread.

Tasten geschieht vor allem mit der Hand, speziell mit den Fingerkuppen, die hoch sensibel sind. Als Finger gleichen sie nämlich Antennen. Auch der Fuß tastet natürlich, vor allem im Dunkeln, barfuß. Er ertastet die Bodenbeschaffenheit, wenn er beispielsweise in unklarem Gewässer geht oder unter Wasser. Er nimmt Vibrationen des Bodens wahr, die bei Erdbebengefahr oder beim Anrücken von Tsunamis einer Funktion der Frühwarnung gleichkommen.

Die Hand jedoch übernimmt die Tastvorgänge im ausgeprägtesten Maß und ist dafür ausgerüstet. Auf jedem Quadratzentimeter der menschlichen Fingerkuppen befinden sich rund hundert taktile Rezeptoren. Es sind drei- bis viermal so viele wie in der Handinnenfläche, während die Rezeptoren am Rücken noch viel weniger dicht gestreut sind.[57]

Die Signale werden entlang des Rückenmarks zum Thalamus und von dort direkt zum Kortex weitergeleitet. Der somatosensorische Kortex enthält übrigens eine Vielzahl von sogenannten Karten, die jeden Quadratzentimeter unserer Körperhaut abbilden und auf denen die verschiedenen Tastfunktionen des gesamten Körpers verzeichnet sind, darunter die Positionen der Gliedmaßen und die Gelenkbewegungen[58], sodass alle bewussten Bewegungen beim Sport und beim Tanz vom Tastsinn mitgetragen werden.

Hierauf beruht die auch schon erwähnte Möglichkeit für Menschen, die sowohl ihre Seh- wie auch ihre Hörfähigkeit verloren haben, eine auf die Hand bezogene Tastsprache – wie beim sogenannten Lormen – zu entwickeln: ein Antippen des Daumens z. B. für den Buchstaben „A", Streichen über den Zeigefinger für „B", was ihnen nach wie vor erlaubt, sich mitzuteilen und Mitteilungen zu empfangen. Solange der Tastsinn erhalten bleibt, kann der Ausfall z. B. des Seh- wie des Hörsinnes kompensiert werden, indem die Orientierungsfähigkeit im Raum und die Kommunikation mit den Mitmenschen weiter bestehen.

Die Areale, die der Mitteilung dienen, sind im Kortex überproportional repräsentiert. Jenes zum Beispiel, das dem Daumen entspricht, ist ebenso groß wie das des gesamten Unterarms, dasjenige, das den Lippen entspricht, ist größer als das für das Bein. Auch dem Gesicht, den Augen, der Nase, dem Kieferbereich samt Zähnen, Gaumen und Zunge sind große Areale zugeordnet.

Damit Gehirn und Körper effizient kooperieren können, sind diese „Karten" relativ stabil verfasst, können sich aber grundsätzlich verändern, da das Gehirn lernfähig bleibt. Sensorische Nerven, die ursprünglich einem Arm zugeordnet waren, können, wenn dieser ausfällt, beispielsweise lernen, auf Berührungen des Gesichts zu reagieren.[59] Andererseits beruht der Phantomschmerz[60] amputierter Glieder darauf, dass auch nach der Amputation eines Körperteils die Region des Gehirns, die für den Empfang sensorischer Signale aus diesem Körperteil zuständig war, weiterhin aktiv bleibt. Das Körperbild kann insofern intakt bleiben, als intakt erlebt werden, selbst wenn Gliedmaßen fehlen.

Schmerz[61] wiederum ist das Signal, das vor Verletzungsgefühlen im sensorischen Bereich warnt und das erfolgte Verletzungen anzeigt. Er dient insofern auch der Förderung des Heilungsprozesses, als er auffordert, mit dem verletzten Körperteil in bewussten Kontakt zu treten und sorgsam mit ihm umzugehen. Schmerz empfinden wir dann, wenn der sogenannte Nozizeptor als der wichtigste Schmerzrezeptor diesen wahrnimmt und die Schmerzsignale zum Rückenmark und durch den Hirnstamm zum Thalamus leitet.

Warum aber lindert Reiben, zum Beispiel das Reiben des aufgeschlagenen Knies, den Schmerz, wenn wir uns gestoßen haben? Darüber wird man sich nur verwundern, wenn man nicht bedenkt, dass dadurch ein weiteres taktiles Signal an das Gehirn geschickt wird, das mit dem ersten Signal in Konkurrenz tritt, sodass es die Wahrnehmung der Intensität des ersten Reizes mindert und lindert. Die Schmerzwahrnehmung nimmt ebenfalls ab, wenn normale taktile Reize wie Reiben, Massieren oder leichte Vibration bestimmte Fasern im Nozizeptor aktivieren, die dann hemmende Signale ans Gehirn schicken. Durch die Reibung werden darüber hinaus morphinähnliche Opiate ausgeschüttet, die die Übertragungen von Schmerzsignalen ans Gehirn gleichfalls zu lindern vermögen.

Was geschieht überhaupt beim Bestreichen des Körpers, beim Streicheln aller Art? Es kommt zur Ausschüttung von Oxytocin, dem sogenannten Kuschelhormon, das das Aufkommen von Vertrauen und damit den Aufbau von Bindung befördert. Zugleich wird das Stresshormon abgebaut – bei sinkendem Blutdruck und ruhigerer Herzfrequenz, womit zudem das Immunsystem gestärkt wird.[62]

Auch die Wellnessbewegung, die uns seit einigen Jahren begleitet und ihre Aktualität bis heute nicht verloren hat, lebt von der Wiederentdeckung der vielen Wohltaten, die von der Berührung und Belebung des Hautorgans ausgehen können: Da gibt es Gesichts-, Rücken- und Ganzkörpermassagen, verbunden mit Cremungen und Ölungen, Bestreichungen und Behauchungen; da gibt es das Übergießen mit Wasser in sprudelnden Bädern und duftenden Duschen, Wellenbädern und Whirlpools mit Zusätzen von Sauerstoff, Essenzen und dazu mit Entspannungsmusik. Trotz vieler Übertreibungen in diesem Bereich ist es nicht zu unterschätzen, was es heißt, dass Menschen es wieder wichtig finden, sich in ihrer Haut wohlzufühlen und damit neuen Geschmack am Leben zu bekommen. Vieles unter den Wellnessmethoden verdankt sich zudem klassischen ganzheitlichen Heilmethoden wie der Massagetradition des Ayurveda, in der mit großer Geduld und dank jahrhundertelanger Erfahrungspraxis zunächst Ölungen vorgenommen werden, sensibel einmassiert, nein, eingestreichelt werden, bis die Haut weich, offen und empfangsbereit geworden ist. Ob es nun um eine Fußmassage oder auch um eine Ganzkörperbehandlung geht, die bis zu den Haarwurzeln reicht, oder gar um einen Ölguss über Stirn und Haupt – all das wird nicht mit dem bloß sachlichen Geist europäisch-medizinischer Massagen durchgeführt (deren Wirkung nicht unterschätzt werden soll), sondern explizit im Geist einer spirituell begründeten Zuwendung als einem integralen Heilfaktor des Ayurveda, der auch die Psyche und den Geist des Menschen ansprechen will. In den wenigen Behandlungen, die ich in Europa kennengelernt habe, war dieser besondere Geist des Ayurveda spürbar, von dem mir mehrere Freunde und Bekannte, die Ayurveda-Behandlungen in den fernöstlichen Ursprungsländern erlebten, als einer spirituellen Qualität berichteten, von der sie tief angesprochen waren.

In dem Wort „Behandlungen" steckt das Wort, der Begriff „Hand", mit der solche heilende Tätigkeit ausgeführt wird, eine unmittelbare Berührung also von Mensch zu Mensch, von Haut zu Haut, die nicht möglich ist, ohne dass Kontakt und

Schwingung zustande kommen, ohne dass eine Akzeptanz des ganzen Menschen in seiner Körperlichkeit – und sei sie noch so beschädigt und eingeschränkt – durch den behandelnden anderen erfahren wird. Eine Akzeptanz, die bis in früheste Berührungserfahrung hineinreicht und die wir erinnern, wenn sie bereits positiv besetzt war, oder die wir tröstend und korrigierend neu erfahren, wo sie zu karg war.

An diesem Heilfaktor der Berührung partizipieren alle seriösen Formen der Körpertherapie, die einen weiten Formenkreis von Erkrankungen einbeziehen können, angefangen bei den Atemwegen[63] wie Allergien und Asthma über all die vielen heutigen allergischen Hauterkrankungen bis hin zur Psoriasis. Erst recht bei Nachbehandlungen von Operationen aller Art, die das Körperbild und den Körper selbst zunächst stark beeinträchtigen, werden Massagen als große Hilfe empfunden.

Grunwald zeigt sich mittlerweile überzeugt, „dass die meisten psychischen Störungen auf Berührungsarmut und damit auf einer Tastsinnstörung beruhen".[64] Durch Zufall sei er darauf aufmerksam geworden, dass z. B. auch bei Anorexie-Patienten die taktile Wahrnehmung gestört sei. Das Körperschema sei bei Anorexia Nervosa nicht gut ausgebildet und breche bei diesen Patienten zusammen, sodass sie: ihren eigenen Leib nicht richtig wahrnehmen können, auch nicht ihren Körperumfang. Es handle sich dabei also nicht primär um einen Schlankheitswunsch, wie manche meinen, sondern um eine gestörte Tastsinnwahrnehmung.[65] Aber nur ein Mensch, der spüre, wo er anfängt und aufhört, könne sich als physische Einheit, als zur Umwelt abgrenzbarer Organismus erleben. Psychisches Leben setze von allen Lebewesen sowohl Kontaktverlangen wie Kontaktvermögen voraus.[66]

Wiederum bedürfen vor allem Missbrauchs- und Folteropfer takt- und liebevollster Berührungstherapien mit Wasser, Salben, Ölen, die sie in ihren Körpern allmählich wieder heimisch machen und ihnen ihr Körperfeld, ihre Würde, ihren Selbstwert wieder aufbauen helfen, damit sie heimkehren können in ihr Körperhaus. Wie beim Kind, so gilt auch beim Erwachsenen und erst recht beim schwer gestörten Patienten: Das Sich-Wohlfühlen in seiner Haut hängt aufs Engste mit dem Selbstwertgefühl und der Kontaktfähigkeit mit den Mitmenschen und der Umwelt zusammen.

Das feine Tastgefühl und Empfindungsvermögen unserer Haut bezieht sich aber nicht nur auf uns selbst, sondern hat eine ausdrücklich ethische Implikation. „Quäle nie ein Tier zum Scherz, denn es fühlt wie du den Schmerz", so prägen wir es schon unseren kleinen Kindern ein. In diesem Spruch steckt der Rückschluss von unserer eigenen Tast- und Hautempfindlichkeit auf diejenige verwandter Lebewesen. Da wir alle schmerzempfindlich sind, sind wir alle auch schutzbedürftig. Gerade die Zartheit, die Zerbrechlichkeit des Menschen und aller übrigen Lebewesen ist es, die uns zugleich zu zartem, ja zärtlichem Umgang miteinander anregen und motivieren kann. Die Schutzbedürftigkeit kann nicht durch Einigelung bewältigt werden, da diese unfähig macht zum nahen Kontakt, da sie ausschließt und sich damit nur Enttäuschte, Neider und Feinde schafft. Unsere Nacktheit ist nur durch den zarten, liebevollen Kontakt mit anderen Menschen, anderen Lebewesen und der ganzen Mitwelt zu schützen.

Verbunden in unser aller Verwundbarkeit, sind wir durch Sensibilität und Solidarität geschützt – Einstellungen, die allein der condition humaine adäquat sind. Nur innerhalb solcher Sensibilität und Solidarität kann es uns Menschen gelingen, uns mitten in dieser Welt, die immer und immer mehr – durch die Klimaveränderung und unvorhersehbare Pandemien – gefährdet ist, dennoch wohl in unserer Haut zu fühlen, indem wir Mitverantwortung dafür übernehmen, dass die anderen mit uns verbundenen Menschen und Lebewesen sich wieder so wohl wie möglich in ihrer Haut fühlen können und den Geschmack am Leben wiedergewinnen und behalten.

Im direkten und übertragenen Sinn leitet sich von unserem Tastsinn unsere Fähigkeit ab, zu berühren und berührbar zu sein. Das aber heißt, teilzunehmen am Leben. Unberührbar zu sein hieße dementsprechend, sich abzugrenzen bis hin zur Isolation, bis zur emotionalen Kälte. Berührbar zu sein bedeutet, mitzuschwingen, mitzulachen und mitzuweinen, wie es schon im Neuen Testament als Zeichen alles Mitseins, aller Mitmenschlichkeit gilt: „Freut euch mit den Fröhlichen und weint mit den Weinenden" (Römer 12,15). Mehr als verbaler Trost tröstet das Mitweinen den Trauernden, denn nichts anderes drückt wirkliches Mitgefühl, wirkliches Ermessen und Mittragen so authentisch aus wie diese bis ins Körperliche reichende Empathie, dieses Berührtsein.

Hierzu haben wir während der „heißen Phasen" der Coronapandemie, während der Zeit, in der die Infektionsgefahr hoch war, besondere Erfahrungen gemacht: Wie die teils monatelange Isolation vieler Menschen, vor allem in den der Senioren- und Pflegeheimen, die ernsten Folgeerscheinungen zeitigten, die nun dringend wahrzunehmen und aufzufangen sind. Nicht nur in Seniorenheimen, auch in Jugendeinrichtungen und nicht zuletzt an Schulen und Universitäten werden die Folgen dieses anhaltenden körperlichen und entsprechend seelischen Kontaktverlustes als gravierend eingestuft.

Eine mir gut bekannte Insassin des Seniorenstifts Augustinum, einer eigentlich gepflegten Einrichtung, lebt seit den Monaten der Pandemie nur noch in Gesellschaft ihres Katers, den sie Gott sei Dank auf ihr Zimmer mitnehmen durfte – aber sie findet nun innerlich nicht mehr recht zu den Mitbewohnerinnen und den Betreuerinnen hin, ist wie ausgewandert.

Eine Kollegin hat gegen solche Entfremdung als Psychotherapeutin die am Tastsinn gewonnene Gewohnheit entwickelt, ihren Patienten und Patientinnen jeweils einen „Schmeichelstein" mitzugeben, wenn längere Trennungen zu überbrücken waren, so zum Beispiel während der langen Sommerferien oder auch, wenn jemand einen längeren Klinikaufenthalt auf sich nehmen musste. „Schmeichelsteine", so nennt man die vom Wasser glatt geschliffenen Steine, wie man sie an den Ufern von

Flüssen und Seen findet, manchmal sind es Halbedelsteine, die man zugeschliffen hat. Jedenfalls ist ihre Oberfläche seidenweich, wenn man mit den Fingerkuppen oder dem Handteller darüberstreicht, ja streichelt. Solche Schmeichelsteine eignen sich sehr gut als „Übergangsobjekte", die, wie Puppe oder Bär für die Kinder, als Erinnerungsgegenstände, als Medaillons gleichsam ein Gefühl des Geschütztseins geben und so auch den Erwachsenen einen Lebensübergang, eine Trennung z. B. zu überstehen helfen. Streichelnd in die Hand genommen wie ein lebendiges Unterpfand, verbürgen sie die mögliche Wiederbegegnung durch neue Berührung mit einem uns wichtig gewordenen Menschen.

Berührbar zu sein heißt aber auch, sich zu öffnen für die Zartheit und die Zärtlichkeit derer, die sie mir nach wie vor entgegenbringen: die Kinder, die Freundinnen, der Partner oder die Partnerin.

Berührbar zu sein, wieder berührbar zu werden, vielleicht nach längerer Apathie, das bedeutet, sich dem Leben wieder zuzuwenden, die Zuwendung des Lebens selbst wieder an sich heranzulassen, Liebenswertes an Menschen zu entdecken und Nähe zu wagen.

Berührbar zu sein, sich etwas unter die Haut gehen zu lassen: Letztlich meint dies auch, verletzbar zu sein und sich in seiner Verwundbarkeit anzunehmen – sie der Unverwundbarkeit vorzuziehen. Von hier aus aber liegt es nahe, zu wissen, dass der Mitmensch, das Mitgeschöpf ebenso verletzbar ist, sobald es sich nackt, ohne Schutz zeigt, sobald es zu mir hin Nähe wagt. Diese Einsicht in unser aller Verwundbarkeit fordert jedoch den Menschen, der sich selbst und seine am Tastgefühl gewonnene Empathie ernst nimmt, zur Zartheit mit dem verletzbaren Mitmenschen und all den Mitlebewesen heraus. Aus solcher gegenseitigen Zartheit kann Zärtlichkeit gegenüber allem Lebendigen entspringen: eine neue Ethik der Berührbarkeit.

# HÖREN:
## Vom Klang des Lebens

Wenn ich in diesem Moment um mich höre, vernehme ich: leises Vogelgezwitscher im Baum. Ein kurzes Entengequake aus dem nahen See, Flügelschlagen. Ein Insekt summt unmittelbar neben mir vorbei. Zeitungsgeknister. Eine Autotür schlägt zu. Sehr fern eine Kirchenglocke. Das Lachen und Schwätzen eines kleinen Kindes auf dem Nachbargrundstück. Gedämpfter Zirpdialog im Baum, offenbar gibt es noch ganz junge Vögel, jetzt im August. Meine Nachbarin sagt hinter der Zeitung hervor: „In wenigen Jahren wird Stille unser höchstes Gut überhaupt sein."

Was ich höre – es ist ein früher Sonntagmorgen im Hochsommer –, empfinde ich eigentlich fast schon als Stille. Ein sehr fernes Flugzeuggeräusch, die Glocke, die von weit her über den See tönt, wird deutlicher vernehmbar. Wieder raschelt die Zeitung. Die rhythmischen Tritte eines Joggers draußen am Weg. Die Stimmen Vorübergehender. Jetzt: Ein kurzer Regionalzug rauscht vorbei. Es tönt wie ein Platzregen. Dann wieder Stille. Wirklich Stille?

Stille in unseren Breiten ist voll von Geräuschen, von Tönen, aus denen wir diejenigen herausfiltern können, die wir wahrnehmen wollen. Jetzt sind es freundliche Töne, ein sonntäglicher Toncluster, der uns eingebettet zeigt in Lebendiges, in gutes Leben.

Eben erst wurde ein dreijähriges Kind drüben beim Nachbarn etwas ungeduldig ermahnt, nicht so sinnlos am TV-Gerät herumzuspielen und es vor allem nicht auf volle Lautstärke aufzudrehen. Doch jetzt ist das Kind wieder abgelenkt und plappert munter vor sich hin, von freundlichen Stimmen der Erwachsenen begleitet. Jetzt summt es sogar. Das Klappern von Frühstücksgeschirr dazwischen.

Hören: Was würde uns fehlen, wenn wir unser Gehör verlören? Wenn wir taub wären? Nichts würde mir so sehr fehlen wie die menschliche Stimme mit ihrem warmen Ton, ihrem helleren oder dunkleren Klang, ihrer raueren oder reineren Färbung, die zu mir spricht, sich mir zuwendet, der ich antworten kann mit meiner eigenen Stimme. Dies macht für mich den besten Teil menschlichen Kontakts und der Geborgenheit aus: die Stimmen geliebter Menschen zu hören, die ich sogar Jahre nach ihrem Tod innerlich noch vernehme und erinnern kann. Was bedeutet es doch für uns Menschen, ein Ohr zu haben, das Gehör offen zu haben für die Stimme der anderen, auch die Stimmen anderer Lebewesen, die Vielstimmigkeit der Natur – des Windes, der anrollenden Wogen, des Donners –, und weit darüber hinaus noch die Vielstimmigkeit der Kultur, der Musik, auch die der Zivilisation mit ihren Autohupen und ihren unentwegten Handytönen. Was bedeutet es uns, zu hören und Gehör zu finden! Vor allem aber: eine eigene Stimme zu haben und sie zu hören. Sich selbst zu hören, auch singend manchmal, sich hören zu können, ist fundamental für mein Selbstverständnis als dieser Mensch, der ich bin.

Taub zu sein, hieße auch, seine eigene Stimme nicht mehr zu vernehmen, zugleich stumm zu sein. Sich dies vorzustellen, macht bange und umgekehrt zugleich dankbar, tief dankbar für unser Hörvermögen und die Möglichkeiten modernster Technik, es bis ins hohe Alter durch hoch entwickelte Geräte zu erhalten.

Indem ich dies niederschreibe, kommt der Glockenschlag aus dem Nachbarort gerade ganz rein und wie schwebend über den See. Der Wind, der eben aus dieser Richtung weht, trägt ihn heran. Töne sind nichts anderes als Schwingungen der Luft in einer bestimmten Frequenz, von unseren Hörorganen aufgenommen, an unser Gehirn weitergeleitet, das sie wahrnimmt und deutet. Kirchenglocken also: Dort drüben überm See ist ein Sonntagsgottesdienst. Welch ein Verlust an Lebensqualität, wenn wir dies alles nicht mehr hören könnten!

Hierzu fällt mir immer die Geschichte von den „Sägnungen des Alters" ein, von denen jener alte Herr in seinem Schwäbisch und mit seinem Schmunzeln sprach, als ich mich morgens bei ihm für den Gesprächslärm entschuldigen wollte, den wir spätabends noch in jenem Raum gemacht hatten, der unmittelbar neben seinem Hotelzimmer lag. Er habe überhaupt nichts gehört, sagte er lachend. Dies gehöre eben zu den „Sägnungen des Alters".

Wie seltsam aber, dass viele von uns solch eine Hemmung haben, sich ein Hörgerät verschreiben zu lassen und es zu gebrauchen, obgleich doch eine Sehhilfe, eine Brille, inzwischen fast schon zum schicken Aussehen gehört! Als sich ein Freund anlässlich seines siebzigsten Geburtstags dazu bekannte, ein Hörgerät zu tragen, hatte man Respekt vor seiner Offenheit. Es ist allerdings gar nicht so leicht, und erst die neuesten Geräte vermögen uns wirklich dabei zu helfen, die für uns relevanten Töne aus dem ebenfalls verstärkten Hintergrundrauschen herauszufiltern – eine Kunst, die unser normales Gehör ständig ausübt.

In unserer lärmenden Welt gilt es als eine besondere Gabe, abzuschalten, zum Beispiel in einem Zugabteil mit fünf weiteren Mitreisenden, die sich laut unterhalten oder Musik hören und hin und wieder mit dem Handy telefonieren. Zwischen ihnen sitzend ein Buch zu lesen, das wäre die hohe Schule der Selektion. „Lesen macht keinen Lärm", diesen eindrücklichen Werbespruch kann man im Züricher Flughafen lesen.

Innere Stille kennen und Hören können, auch Lauschen können – all dies scheint zusammenzugehören. Ohne innere Stille und Achtsamkeit, ohne die Fähigkeit, den vielstimmigen inneren Lärm abschalten zu können bzw. sich auf das Hörenswerte zu konzentrieren, bin ich nicht in der Lage aufzunehmen, was ein anderer Mensch zu mir spricht, mir vielleicht zuspricht. Zudem kann ich dann nicht wahrnehmen, was Mit- und Umwelt mir sagen wollen. Der gesamte Hörvorgang beruht – und dies nicht erst bei Schwerhörigen – auf feinster Selektion.

Andererseits gilt: Die Welt ist Schwingung, akustisch vernehmbare Schwingung. *Die Welt ist Klang*[67], wie es ein Buchtitel des bekannten Musikwissenschaftlers Joachim-Ernst Behrendt ausdrückt. Vielleicht ist es ja so, dass die ganze scheinbar materielle Wirklichkeit nach der Sicht der aktuellen Physik nichts anderes als ein energetisches Schwingungsphänomen, zugleich ein Klangphänomen ist, von dem unser Gehör allerdings nur eine sehr begrenzte Frequenz aufzunehmen vermag.

„Die Sonne tönt in alter Weise in Brudersphären Wettgesang ... ", schreibt Johann Wolfgang von Goethe und nimmt dabei den alten philosophisch-mystischen Gedanken von der „Sphärenmusik" wieder auf, der auch Hildegard von Bingen, die audiovisionäre Musikerin unter den mittelalterlichen Frauen, fasziniert hatte. So hatte sie eine Audiovision des Kosmos in Gestalt von konzentrischen Kreisen voll tönender Engelenergien, die ein göttliches Zentrum umgeben und umsingen. Diese Vision vermochte sie in Musik umzusetzen.

Welch eine merkwürdige, menschlichen Gehirnen entsprungene Idee unserer Zeit ist es andererseits, den Voyager-Raumsonden auf der Reise zu fernen Welten CDs samt CD-Player mitgeben zu wollen, auf denen beispielsweise das C-Dur-Präludium aus dem zweiten Teil von Bachs *Wohltemperiertem Klavier* gehört werden kann, nebst 26 weiteren Musikstücken, damit sie fernen Zivilisationen vom menschlichen Genius künden sollen. Offenbar gehört Musik zu den Errungenschaften, die das Menschsein ausmachen, an denen ein ferner Empfänger die Essenz intelligenten Lebens erkennen könnte. „Aber was soll ein außerirdischer Empfänger eigentlich mit einer solchen Information anfangen", so fragte mit Recht schon der damalige *Spiegel*-Redakteur, dessen Artikel ich diese Information verdanke.[68] So weit diese seltsame Idee auch zurückliegt, enthält sie doch die Überzeugung, dass solche Musik unsere Kultur ausmache und dass sie das Wesen der Menschheit vermitteln könne. Ist überhaupt ein Code denkbar, der es ermöglichte, nichtmenschlichen Wesen einen Sinn zu vermitteln, die, ohne diesen Code zu kennen, vielleicht nur einen chaotischen Krach vernehmen?

Auf den ersten Blick erscheint Musik als die merkwürdigste Kunstgattung, die der Mensch je hervorgebracht hat, so wieder der *Spiegel*, indem sie die gegenständliche Welt nicht abbildet, sondern nur mathematisch berechenbare Schwingungsverhältnisse darstellt, deren Frequenzen sich nach physikalischen Regeln überlagern. Nichts als ein Tanz kleinster Luftmoleküle seien doch die Töne, deren Bewegungen die Tonqualität bestimmen! Beim Hören aber verwandeln sich gleichsam die physikalischen Vorgänge, die diesen Tönen zugrunde liegen, und werden in Emotionales, in Psychisches und Geistiges hinübergetragen, also transzendiert. Musik vermag zutiefst zu berühren, keine Kultur kommt ohne sie aus, seien es die Didgeridoo-Klänge der frühen Australier, die Trommelwirbel Afrikas, die doppeltönigen Kehlgesänge der Nomaden im sibirischen Tuva oder die Magie einer differenziert ausgebildeten Stimme wie die der Anne Sophie von Otter oder die der afroamerikanischen Sängerin Mahalia Jackson.

Sehr früh schon ist das menschliche Gehirn auf Musikwahrnehmung programmiert. Vom zweiten Lebensmonat an werden Rhythmusveränderungen wahrgenommen[69], auch geben wenige Monate alte Babys bestimmte Blick- und Bewegungssignale, wenn sie Misstöne vernehmen, die ein Lied oder Musikstück stören.

Melodien und Rhythmen wirken nachweislich auf genau jene Hirnregionen ein, die für die Emotionen, z. B. für die Verarbeitung von Trauer, Freude oder Sehnsucht, zuständig sind. So öffnet Musik den Zugang zur Welt der Gefühle, vermag Trauer auszudrücken und gerade dadurch, dass der Mensch mitschwingen kann, zu trösten. Musik kann kaum erträglicher Sehnsucht eine Stimme verleihen, kann überschäumende Freude, gemeinsame Freude vor allem, fassen. Musik vermag Menschen im gemeinsamen Singen und Musizieren auf ganz besondere Weise zu verbinden, auch im gemeinsamen Musikhören, sei es im Konzertsaal oder im sakralen Raum. Wie verbindet jährlich um die vorösterliche Zeit das Hören Bach'scher Passionen Tausende miteinander auf einer spirituellen Ebene!

Musik bildet zudem Wirklichkeit ab, geht von Naturgeräuschen aus, sofern der Klang eines hohlen Baumstamms, eines im Wind ertönenden Schilfrohrs, das Rollen eines fallenden Steins, das Trommeln des Regens Grundlagen dafür bilden, wie das menschliche Gehör Tonfolgen wahrnimmt und interpretiert. Zwar sind es bloße Geräusche, noch keine Musik, wenn Wasser rauscht und rollende Steine klickern, doch wenn die Luftmoleküle geordnet schwingen, entsteht aus dem Getöse ein wahrnehmbarer Ton, bilden sich Tonfolgen, die das menschliche Ohr aufnimmt und an die es sich adaptiert. So höre ich, während ich dies niederschreibe, die Brandung des Atlantiks mit dunklen, anhaltenden Borduntönen in der Tiefe und hellen Spritzgeräuschen dazwischen samt vieltönig mitklingenden Obertonreihen.

Der Hörvorgang beginnt damit, dass ein Organ mittels ca. fünftausend Haarsinneszellen die ankommenden Schallwellen aufnimmt und sie in elektrische Impulse verwandelt. Über das Trommelfell werden die winzigsten Luftdruckschwankungen registriert, über die Gehörknöchelchen verstärkt und auf eine Membran am Anfang des flüssigkeitsgefüllten Innenohrs übertragen. Das schneckenförmige Sinnesorgan vollbringt dann die erstaunliche Leistung, den eintreffenden Schall in seine einzelnen Frequenzen zu zerlegen. Während hohe Töne schon am Eingang des Innenohrs in Nervenimpulse umgewandelt werden, geschieht dies bei den tieferen erst dann, wenn sie weit in die Hörschnecke hineingewandert sind. Mit diesem Filtermechanismus vermag das Ohr selbst solche Töne voneinander zu unterscheiden, die nur ein Zehntel eines Halbtones auseinanderliegen.

Von da an besteht das Gehörte nur noch aus Nervenimpulsen, die das Gehirn stimulieren. Das Hörorgan also vermag zu transformieren, ja zu transzendieren: „Dort geht Materielles in

Fühlbares, in Messbares, in Nur-noch-gerade-Erahnbares, in Jenseitiges und Spirituelles und Unendliches über", wie Joachim-Ernst Behrendt in seinem Buch *Das dritte Ohr. Vom Hören der Welt*[70] es beschreibt.

Neue anthropologische Forschungen gehen der Evolutionsgeschichte der Musik nach, die bis ins Tierreich zurückweist, z. B. auf die hochintelligenten Meeressänger, die Wale und Delfine. Diese konnten ein überaus differenziertes Kommunikationssystem über Schallwellen entwickeln, die sie ebenfalls als Tonfolgen wahrnehmen. Bei den Gibbons Südostasiens, den Vorfahren des Urmenschen, vernimmt man Gesänge, die zwischen zehn bis dreißig Minuten andauern. Bei den indonesischen Siamang, einer Gibbon-Art, singen Männchen und Weibchen sogar gemeinsam, wie der Schweizer Primatologe Thomas Geissmann[71] berichtet, der auch beobachtet, wie lange solche Gesänge schon von Menschen wahrgenommen werden und wie stark sie auf ihr Gemüt wirken. Die Gesänge der Affen gehen nach Geissmann auf Notwendigkeiten der Paarbildung, der Gruppenkommunikation, aber auch der Revierverteidigung zurück. Laute Ausrufe mit bestimmten Tonfolgen, wie sie z. B. Schimpansen ausstoßen, könnten, so der Forscher, ebenfalls bei Menschen am Anfang der Verständigung gestanden und damit archetypische Anfänge der Musik gebildet haben. Deshalb wird in der anthropologischen Forschung die menschliche Fähigkeit, Musik zu machen und zu hören – mit ihrer starken, fast hypnotischen Wirkung auf fast jeden Menschen – als etwas sehr Ursprüngliches mit starker erblicher Komponente gesehen.

Der zweite Strang der Forschung geht dem Phänomen des menschlichen Musikerlebens im Gehirn nach, vor allem der Verbindung zwischen Musik und Emotion.

Heute sieht man es so: Der Hörsinn ist ebenfalls an das limbische System des Gehirns gekoppelt, wo er jedoch noch direkter an die Zentren für Gefühle reicht als der Geruchssinn. Er vermag ungeordnete Schallwellen – als Geräusche wahrgenommen – von gleichmäßig schwingenden wohl zu unterscheiden. Auch vermag er in der Musik etwa 1.300 unterschiedliche Tonhöhen wahrzunehmen, wobei er ebenfalls räumlich zu hören vermag, indem er die Richtung erkennt, aus der ein Ton kommt.[72]

Das Ohr habe sich den Klängen, die es aus der Natur kennt, angepasst, so beschrieb es schon vor Jahrzehnten der Ulmer Psychiater Manfred Spitzer.[73] Insofern gibt es in der Musik eine Entsprechung zur wahrgenommenen Wirklichkeit der Welt.

Vor allem aber die emotionale Kraft der Musik, ihre Möglichkeit, Menschen zu bewegen, ist das Phänomen, das die Forscher in den letzten Jahren beschäftigt und das für das Thema der Musik als dem möglichen guten Klang des Lebens besonders relevant ist. Das Gehörzentrum kann übrigens durch Training vergrößert und zu einem besonderen Musikgehör gesteigert werden.

Thomas Mann zeigte sich zuinnerst berührt über eine einzige Note am Ende von Beethovens Klaviersonate Nr. 32 in c-Moll, Opus 111. In seinem Roman *Doktor Faustus* lässt er den Organisten Wendel Kretzschmar durch eine kleine Variante des Motivs in tiefste innere Schwingungen geraten.

Schriftsteller äußern sich nicht selten über die Verwandtschaft zwischen der Kunst der Töne und der Kunst der Sprache, die im Gedicht mit seiner Rhythmisierung, seiner Lautmalerei, seiner ursprünglich oft gereimten Sprachmelodie viel Musikalisches enthält. Musik wie Sprache werden primär mit dem Hörorgan aufgenommen. Ein Gedicht nur mit den Augen wahrzunehmen ist wie das Lesen musikalischer Partituren, ohne die Musik mit erklingen zu lassen, wobei die Fähigkeit, innerlich Musik erklingen zu hören, nicht nur dem ertaubenden Beethoven sehr viel bedeutet hat.

So subjektiv ein bestimmtes emotionales Erleben von Musik auf den ersten Blick erscheint, widerfährt es doch vielen Menschen sehr ähnlich beim Hören derselben Stücke. Der britische Psychologe John Sloboda[74] stellte bei achtzig Prozent seiner

Probanden, die er zur Hörerfahrung bestimmter Musik befragte, fest, dass diese Stücke sogar mit körperlichen Reaktionen verbunden waren wie Lachen, Weinen, ja Gänsehaut, dass sie aber auch Herzklopfen oder ein Beklemmungsgefühl in der Kehle auslösen konnten. So vermag offenbar Bachs h-Moll-Messe gerade in Takt 40 bis 42 mit der Textzeile „Dona nobis pacem" viele zu Tränen zu rühren. Eine gänzlich andere Musik wie Rachmaninows zweites Klavierkonzert wird von vielen ebenso als tiefer Trost gerade bei großem Kummer empfunden, während Mozarts g-Moll-Sinfonie freudig-bange, sehnsuchtsvolle Erwartungen auslösen kann.

Unter den sogenannten „Gänsehautfaktoren", also den Stellen, an denen Musik uns ganz besonders berührt, nennt der Musikwissenschaftler Eckart Altenmüller[75] u. a. den plötzlichen Lautstärkewechsel, zum Beispiel bei Melodien, die wie von ferne durch den Teppich der Begleitung dringen, oder den überraschenden Einsatz von Singstimmen sowie eine Verzögerung des Schlussakkords. Auch unerwartet einsetzende Synkopen oder ungewohnte und unerwartete Zusammenklänge können derart „unter die Haut" gehen, dass sich einem „die Haare aufstellen". (Ich benutze hier bewusst solch eine körpernahe sprachliche Wendung.)

Wenn ich mich nach den Musikstücken frage, die mich selbst am stärksten bewegten, so gibt es eines, das mich schon als Jugendliche wie nie zuvor eine Musik aus jedem Gespräch riss und zwang, den Klängen bis ins Nachbarzimmer zu folgen, wo auf einem Plattenspieler damals eine neue Schallplatte ausprobiert wurde: das Klavierkonzert in c-Moll von Mozart. Es fuhr mir in die Glieder! Ich war damals kaum älter als vierzehn Jahre und hatte doch schon erste tiefere und schwierige Gefühlserfahrungen gemacht, die plötzlich mit aufklangen und mitschwangen, sich auch lösten, sodass ich wie gebannt bei der Musik sitzen blieb und die Konfirmationsgesellschaft, zu der ich eingeladen war, völlig vergaß. Diese Musik! Ich konnte damals nicht sagen, woran es lag. Sie erschütterte mich einfach.

Irgendetwas traf meinen innersten Nerv, war auf eine Weise mit mir und meiner damaligen Gestimmtheit in Resonanz, wie ich es nie zuvor gekannt hatte. Schon die ersten Takte mit dem c-Moll-Thema – ich suchte es wochenlang aus dem Gedächtnis, aus dem inneren Hören heraus auf dem Klavier wiederzugeben. Damit begann mein bewusstes Hören und Spielen von Musik. Als ich etwas später, mühsam auf dem Klavier radebrechend und doch sofort fasziniert, die Inventionen und Fugen von Bach kennenlernte und damit die kontrapunktische Musik, ging mir eine weitere Welt auf, eine Klangwelt, erst noch herb und fremd tönend, dann immer vertrauter. Stimme und Gegenstimme, ein Gegenüber, nicht einfach Begleitung.

Das war Dialog, auch Gegensatz. So wie das Leben, dessen dunkle, ja abgründige Grundklänge ich damals schon vernommen hatte in einer Kriegskindheit, einer Nachkriegsjugend, voll von Abschieden, aber auch reich an neuen Aufbrüchen. So vermochten in dieser Musik die Stimmen einander zu folgen, einander zu steigern, gerade im Kontrast, im Gegensatz. Es musste nicht Harmonie, es konnte durchgehaltener, durchgetragener Kontrast sein, was das Leben wie die Musik mit Klangfarbe, mit Intensität erfüllte, was also tief zu bejahen war als der Klang des intensiven Lebens. Das lehrte mich Bach: Kontrapunktisch ist der Klang des guten Lebens, nicht einfach harmonisch.

Später, viel später war es Schubert, der mich mit seinem Opus 100, von Freunden zum sechzigsten Geburtstag einer Freundin gespielt, traf wie das Anklopfen der Zeit und des Schicksals. Schubert, der mich dann mit seiner Komposition *Der Tod und das Mädchen* tief ergriff, als ich dies abgründige Stück auf einer langen Nachtfahrt im Autoradio hörte. Meine Schwester lag in diesen Stunden im Sterben. Wieder war meine eigene Frequenz getroffen, ich fühlte das ausgesprochen, was im Umfeld des Todes emotional und geistig geschah. Wieder war ich durchgeschüttelt und getröstet zugleich, als ich diese Musik hörte.

Doch an einem Nachmittag, mitten im heißesten Sommer am See, da war es Chopin, der mich mitriss, hinriss. Fast trotzig und übermütig ließen wir von unserer Musikanlage aus seine Klavierstücke gegen die lärmenden Nachbarn anspielen, gegen überlautes Männerlachen und chaotisches Kindergeschrei, und Chopin obsiegte, bezog alles ein in seinen leidenschaftlichen wehmütig-wilden Tanz des Lebens. Und soll man nicht in Warschau in manchen Wohnungen bei weit geöffneten Fenstern Chopin gespielt haben, als die deutschen Besatzungstruppen einzogen? Chopins Musik also als leidenschaftlicher Protest gegen die brutale Okkupation, der man damit ein anderes Lebensgefühl, eine aus ganz anderen Wurzeln gespeiste Lebensqualität entgegenzustellen suchte. Unbesiegbar in aller Ohnmacht erscheint mir die paradoxe Reaktion der Polen auf einen gewaltsamen Überfall wie diesen: Chopins Musik gegen Gewalt! In welch eine Würde wurde die Musik da eingesetzt, mit welcher Würde wurde sie dem unwürdigen Vorgehen entgegengespielt!

Was Hören sein kann, erlebte ich kürzlich wieder in einer kleinen Bergkapelle bei Bad Schönbrunn bei einem Abendkonzert. Was dieses kleine Konzert in der Bergkirche auszeichnete und zu einem Hörerlebnis besonderer Art machte, war die Art und Weise, wie Victoria Walker, die Sängerin an diesem Abend, die Musik und den Raum als ihren Resonanzkörper aufeinander bezog: Sie sang nicht nur von der einen Stelle aus, an der sie ihre Bordun-Instrumente aufgestellt hatte, sondern bewegte sich singend durch den Raum, manchmal sich selbst auf einer kleinen mittelalterlichen Fiedel begleitend, manchmal ein harfenartiges historisches Instrument mit den Fingerkuppen bestreichend, sodass der Klang, immer neu moduliert, einmal aus dem rechten Flügel des Raums, einmal aus dem linken kam, auch geheimnisvoll von hinten, die gute Akustik des Kirchleins voll ausschöpfend. Zuletzt kam der Gesang zentral vom Altarraum aus.

Ich erinnere mich, gelesen zu haben, dass die Benediktinerinnen durch das gesungene Wort, dem sie ihren Leib als Instrument und Resonanzkörper zur Verfügung stellten, gleichsam dem Verbum Dei zur Neugeburt verhelfen wollten. So wird auch Hildegard von Bingen selbst ihr Singen verstanden haben: als eine Inspiration von der Weisheit zur Freude. Freude aber, das ist Geschmack am Leben!

Musik eignet sich in besonderer Weise dazu, Emotionen freizusetzen wie dazu, sie zu regulieren. Sie ist im Musikhören wie auch im Musizieren so mit unserem Gehirn vernetzt, dass sie Emotionen auslöst. Bei Erregung aufgenommen, von ihr mitgenommen und darüber auch wieder gelöst und zur Ruhe gekommen, so habe ich Musik erlebt. Sowohl der Rhythmus wie die melodischen Sequenzen vermögen uns psychisch immer wieder neu zu rhythmisieren und stimmungsmäßig in neuen Einklang zu versetzen. Sie vermag einen Ausdruck, einen „Klang" und eine Struktur zu geben.

Musik gehört zu dem, was uns aus einer aufgelösten Verfassung wieder zur Sammlung, wieder zu uns selbst bringen kann, wieder einstimmen auf einen Rhythmus und auf eine Melodie, die für uns stimmt.

Solche Wahrnehmungen von Musik sind natürlich nicht nur bei Klassischer Musik möglich, sondern auch in den Genres der populären Musik wie Hip-Hop, Rap, Pop, Rock und Techno, die vor allem in Live-Konzerten und Club-Events für lebendige Kommunikation unter Musikfreunden unterschiedlicher Generationen sorgen. Beim Hören wie beim Musizieren versetzt man sich in eine gemeinsame Stimmungslage und pendelt sich ein und aus.

Das Zusammenspiel zwischen Musik und Psyche ist lange bekannt. Hierüber wird bis heute nicht wenig nachgedacht. Vor allem aber erwuchs aus dem Wissen um die nahe Verbundenheit zwischen Hören und Emotion die Vorstellung einer möglichen und wirksamen Musiktherapie, die für die Patienten auf dem Weg der Emotionsregulierung durch Hören wie auf dem eigenen aktiven schöpferischen Musizieren geschehen und sich ereignen kann.

So konnte die Lähmung des gesamten Körpers nach einem Sturz vom Motorrad bei einem jungen Mann durch den Gebrauch von Klangschalen und vibrierenden Instrumenten ganz allmählich und schrittweise wieder aufgehoben, wieder rückgängig gemacht werden, da ihm gerade durch die hörende Mitvibration die gelähmten Körperregionen allmählich wieder zugänglich und spürbar wurden.

Neben solchen Ansätzen und mit ihnen zusammen entwickelte sich eine tiefenpsychologische fundierte Musiktherapie, wie sie gerade bei Kindern und Jugendlichen gerne und erfolgreich angewandt wird. Da Musik so eng mit Lebensfreude verbunden ist, kann sie zudem als ein besonders wertvolles Medium in Pädagogik und Therapie bei Kindern und Jugendlichen verstanden werden, zumal die junge Generation auf Musik stark anspricht. So schreibt Sandra Lutz-Hochreutener: „Musik-Therapie mit Kindern und Jugendlichen hat viele Gesichter: lustvoll mit Tönen und Geräuschen experimentieren; chaotisch-beziehungslos auf die Trommel schlagen; zartes Zwiegespräch mit der Kinderharfe; der kleine Stoffhund, der aus dem Schlund des Alphorns geboren wird; zu Trommelrhythmen tanzen; dem Wiegenlied lauschen und mit dem Teddy kuscheln ..."[76] Der Methodenüberblick reicht hier von der gemeinsamen Begegnung mit dem Lied über musiktherapeutische Improvisation bis zu körperzentrierter Musiksprache und schließlich zum Hantieren mit Instrumenten, samt dem Erproben ihrer Klangfarben.

Von Lutz-Hochreutener wird aber vor allem der Körper selbst als Musikinstrument beschrieben und bewusst gemacht. Die Stimme z. B. bleibt „primäres Ausdrucksmittel während des ganzen Lebens. Reflektorisch untrennbar mit den Grundformen von Atem und Bewegung verbunden, bildet sie die Basis für verbale und non-verbale zwischenmenschliche Kommunikation". Und mehr noch: „Die Stimme ist tönender

Atem. Sie steigt aus der Körpermitte auf, die Körperinnenräume bilden den Resonanzraum. Sie erklingt durch das weitgehend unbewusste Zusammenspiel unzähliger Muskeln."[77]

Ihr Fazit lautet, dass in der Stimme die Persönlichkeit des Menschen sichtbar wird.[78] Die Stimme ist also die direkteste Ausdrucksmöglichkeit leibseelischer Einheit, die dem Menschen möglich ist.

Und was bedeutet Musik schließlich erst für die Jugendkultur! Durch eine ältere Mitbewohnerin im Mietshaus auf seine ständig laufende Musikanlage angesprochen, deren Bassrhythmen oft das Gebälk zum Erbeben brachten, konnte der Junge nur sagen: „Aber es ist mir doch das Liebste auf der Welt!" Musik schließt die sonst oft Isolierten zu Gruppen, auch zu Großgruppen als Musikhörende und Musizierende zusammen. Vielleicht sind interkulturelle Musikevents und Open-Airs das einzige Medium, das die Fremdenfeindlichkeit, die auch unter der Jugend umgeht, in faszinierte Begegnungsbereitschaft verwandeln kann; vielleicht sind oder waren die Ekstasen der Love-Parades, von Techno-Sound getragen, die einzige öffentliche Bewegung, die „Love" und Trance gegen die Monotonie und Überrationalisierung unserer Alltagswelt setzte. Könnte Musikbegeisterung einen Gegenpol zur Gewaltbereitschaft bilden?

Auch ganz anderen Vorgängen, die das Leben einschränken und mindern, kann Musik entgegengestellt werden, und auch dort noch entfaltet sie ihre erweckende Kraft. Gemeinsam mit alten Menschen Musik zu machen, kann ein Beispiel hierfür sein: Singen im Seniorenheim! Selbst wenn die Sinneswahrnehmungen mancher schon eingeschränkt sind: Wie viele der sonst nur noch begrenzten Hörmöglichkeiten, wie viele der Emotionen, wie viele vor allem der belebenden Erinnerungen vermag doch die Musik wieder zu wecken! Einfache, altbekannte Lieder sollen es sein, die in die Kindheit und Jugend zurückgreifen, wie zum Beispiel das Paul-Gerhardt-Lied „Geh aus, mein Herz, und suche Freud". Es verblüfft mich immer wieder, dass der alten Generation tatsächlich alle Strophen dieses Liedes noch geläufig sind!

Bewegt hat mich ebenfalls der Bericht einer Frau, die ihre 95-jährige pflegebedürftige Mutter zu Hause begleitet. Sie setzte sich zu ihr ans Bett und spielte ganz nah bei ihr Cello, das sie sehr gut beherrscht, mit dem sie sich sehr gut selbst ausdrücken kann. Ihre Mutter sei so wach gewesen beim Zuhören, dabei so bezogen auf die Tochter wie schon lange zuvor nicht mehr.

Andererseits können Trommeln und Rasseln, Schwirrhölzer und Didgeridoos uns Heutige hinübergeleiten in andere, tranceartige Zustände, in denen Imagination und Vision für uns möglich werden. Diese Bewusstseinszustände mögen denen der frühen Stammeskulturen entfernt gleichen. Viele dieser Musikinstrumente sind dort bis heute in Gebrauch. Sehnen wir uns doch manchmal in eine solche emotionale Verfassung zurück, nahe den Urimpulsen, Urmelodien und Urrhythmen des Lebens!

Der Klang des Gongs schließlich: In meiner Kindheit rief er noch zum Mittagessen, es war ein heller, metallener Klang, der uns aufforderte, unsere Spiele oder Tätigkeiten zu unterbrechen, lästig oft, doch schön im Rückblick, vor allem in der Hinsicht, dass es damals meist noch möglich war, gemeinsam als Familie zu essen.

Später lernte ich den Gong wieder kennen, den schwebenden, nachschwingenden Klang eines fernöstlichen, aus feinen Kupferdrahtspiralen gehämmerten Instruments. Da rief er zur Meditation, und lang klang er nach im ganzen Ohr und im Körper, bis der Atem sich schon verlangsamte und Ruhe einkehrte in den ganzen Organismus, in eine ausschwingende Stille hinein. Das war Lauschen auf den innersten Klang des Lebens, in dem wir Puls- und Herzschlag, sonst unbewusst, vernehmen. Er erinnert daran, dass auch das einfache Phänomen der Schwingung schon grundlegend zum Musikhören dazugehört, während das Phänomen der Vibration als solches wieder auf den Sinn für Berührung, den Tastsinn zurückverweist.[79]

Das Hörorgan wie der Hörsinn sind für den Menschen von zentraler Bedeutung, wie wir sehen. Ich mache mich hörbar unter Menschen durch meine Stimme. Ich teile mich mit durch meine Stimme. Und die Grundfrage unter Menschen lautet: Hörst du mich?

# SEHEN:
## Von der Schau des Lebens

„Zum Sehen geboren, zum Schauen bestellt"[80], so erfährt es jener Türmer zu Beginn von Goethes *Faust II* – und mit ihm wohl ein jeder Mensch, dem das Augenlicht geschenkt ist. In diesem Moment schaue ich über mir in das dunkelgrüne Laub eines alten Nussbaums, das lichtgesprenkelten Schatten spendet. Weiter links von mir sehe ich die graugrünen Blätter an den langen Ruten einer Seeweide im Winde schwanken, ein wenig grünsilbern blitzend, etwas angegilbt von der großen Sommerhitze, der sie dennoch standhielten. Ich tauche ein in den weiten Raum von lauter Blau vor mir, in dem der Himmel und die schimmernde Wasserfläche ineinander übergehen.

„Schönes Blau", so meint Ingeborg Bachmann in ihrem großen Gedicht *An die Sonne*[81], „Blau, in dem die Pfauen spazieren und sich verneigen". Sie schreibt von den „Zonen des Glücks", zu denen das „Blau der Fernen" und des Fernwehs gehören, die Freude, „ins Blaue" zu fahren und dem Unerwarteten, dem Zufall eine Chance zu geben. Auch ich lasse meine Augen von dem Blau um mich trinken und koste darin einen Geschmack des Lebens aus. Erfrischend und kühlend schmeckt Blau. Das steinige helle Ufer, flirrend in der Mittagshitze, ein schmaler Streifen des scharfen olivgrünen Seegrases, violett überblüht von wilden Stauden – und wieder der Schatten des satten Grüns über mir, die Zweige des Nussbaums, die sich leise in dem Wind, der vom See herüberkommt, bewegen. Da, eben noch ein hochbeiniger Wasservogel, ein Fischreiher, der sich auf einem Stein neben dem silbergrünen Schilfgürtel niederlässt! Dass wir Farben sehen können, bewegte Formen, Licht und Schatten in so vielen Nuancen!

Im selben, schon zitierten Gedicht spricht Ingeborg Bachmann ein wunderbar fragloses Lebensgefühl, einen Glücksmoment an, in einem ihrer schönsten Sätze überhaupt: „Nichts Schöneres unter der Sonne, als unter der Sonne zu sein ..." Und staunend fährt sie fort:

> *Nichts Schöneres, als den Stab im Wasser zu sehn*
> *und den Vogel oben,*
> *der seinen Flug überlegt, und unten die Fische im Schwarm,*
> *gefärbt, geformt, in die Welt gekommen*
> *mit einer Sendung von Licht,*
> *und den Umkreis zu sehn, das Geviert eines Felds,*
> *das Tausendeck meines Lands*
> *und das Kleid, das du angetan hast. Und dein Kleid,*
> *glockig und blau!*[82]

In die Höhe zu sehen, in die Tiefe, selbst unter die Wasseroberfläche schauen zu können, den ganzen Umkreis zu überschauen und anzukommen beim eigenen Kleid, dessen Blau ist wie das der Himmelsglocke. Farbe überhaupt: Ich wüsste kaum etwas zu nennen, was einen Menschen unmittelbarer mit seinen Emotionen und damit mit seiner momentanen Stimmung, seiner Lust oder seiner Unlust in Kontakt bringt als die Farben. Unser „Geschmack am Leben" wird darin ganz unmittelbar berührt. Sprechen wir doch gelegentlich von einem Farbenrausch. Farben bestehen zugleich aus realphysikalischer energetischer Schwinung unterschiedlicher Frequenz.

Schon die Farbe der Kleider, die wir jeweils tragen, kann die Stimmung aufhellen, das helle, heitere Blau des Fernwehs, das Azurblau tiefen Gefühls, das Orange freundlicher Zugewandtheit, das Violett magischen Zaubers, das Rot des Mutes zu Leidenschaft und Aggression – all dies vermittelt uns unser Auge durch seine Sehnerven, die mit unseren Zentren der Emotionalität im Gehirn direkt vernetzt sind und diese aktivieren.

Wie stark können wir durch unseren Umgang mit Farben doch unseren „Geschmack am Leben" anregen, ausdrücken und damit wiedergewinnen! Allein dadurch, dass wir zum Beispiel mit unserer Kleidung Farbe wagen und damit Farbe bekennen. Auch bei der Wohnungseinrichtung zeigt der Mut zur Farbe einen eigenen Geschmack an und nicht zuletzt: Geschmack am Leben überhaupt!

Ebenfalls unvergessen in diesem Zusammenhang: Der weinrote Anzug, in dem ein damals junger Kollege zu der Sitzung erschien, in der außer ihm nur Herren in Schwarz und Grau anzutreffen waren. Ein Raunen des Erstaunens durchlief vor Jahrzehnten noch die Runde. Heute ist man mutiger geworden und gesteht Männern im Dienst einige Farbtupfer zu.

Heute wagt man jedoch auch ein rotes Sofa, eine grüne Tapete. Natürlich muss es geschmackvoll aufeinander abgestimmt sein. Eine meiner Freundinnen erlaubte sich einen Farbenrausch, indem sie sich die Wohnung mit selbst gefertigten Batiken ausgestaltete, die das ganze Spektrum der Regenbogenfarben durchliefen und damit auch die komplementären, die starken Farbkontraste einbezogen. In der Tat: Sie war ein Mensch mit eigenem Geschmack und hatte einer widerständigen Lebensgeschichte den vitalen Geschmack am Leben immer wieder abgewonnen. Was bei ihr Selbsttherapie war, spontane Schaffensfreude, das lässt sich bei vielen Menschen durch einen therapeutischen Impuls anregen, gerade bei solchen, die den Geschmack am Leben zeitweilig verloren haben. „Malen Sie doch jetzt einfach einmal eine Farbe, die Sie gerne mögen", mit dieser Aufforderung lassen sich manche Lebensgeister wieder wecken, vor allem die spontane Ausdruckskompetenz, die wir als Kinder alle hatten. Zeichenkünste sind dafür nicht nötig, nur der Mut zu einer Lieblingsfarbe, die das ganze Zeichenblatt füllen kann. Wir tauchen dann richtig ein in diese Farbe, es wird ein Farbenbad. Wir schmecken sie gefühlsmäßig ab, kosten sie – es wird ein Farbenschmaus – und lassen uns bis zum Farbenrausch davon erfüllen. Fast immer kommt während des Malens eine zweite und dritte Farbe hinzu – und es erklingt ein Farbakkord!

Ich gebrauche hier bewusst sprachliche Ausdrücke zur Beschreibung der Farbwirkung wie „Schmaus", „Rausch" und „Akkord", die diese auch mit den anderen Sinneswahrnehmungen verbinden.

All dies wird durch unser Auge, unseren Sehvorgang wahrgenommen und schließlich im Gehirn durch entsprechende Verschaltungen sowohl in seiner gefühlsmäßigen wie auch geistigen Bedeutung für den ganzen Menschen verarbeitet und gedeutet. Farben verbinden sich beim Malen mit konkreten Gegenständen, mit Symbolen, werden selbst zu Symbolen: Schwarzbraun als Farbe fruchtbarer Erde wird zur Farbe der Isis und der schwarzen Madonna; Grün als Farbe der Vegetation kann zur Farbe der Grünen Tara und der kosmischen Frau Weisheit werden. Um die Symbolik der Farben[83] herum lässt sich eine ganze Mal- und Kunsttherapie[84], ja, eine ganze Lebenslehre, wie Goethes Farbenlehre[85] sie darstellt, entwickeln. Die Wahrnehmung der Farbe und ihrer Bedeutung für unser Lebensgefühl aber wird uns durch unser Auge, unseren Sehsinn, durch den gesamten Sehvorgang geschenkt. Die Wahrnehmung der Formen und der Proportionen wird – im Gefolge des Tastorgans – hier vom Sehorgan und dem Sehvorgang geleistet. Hier führt die präzise Wahrnehmung durch das Sinnesorgan, die über den Sehnerv das Gehirn miteinbezieht, ebenfalls zur Erkenntnis der Symbolik und des Sinnes, sei es anhand der Form eines Quadrates, eines Kreises, Kreuzes oder eines Labyrinths.[86]

Die Stimmigkeit der Form und der Proportion kann beim Betrachter ein Gefühl von Stimmigkeit überhaupt auslösen. Eine ausgewogene, ausbalancierte Zeichnung wie Paul Klees *Engel vom Stern*[87] kann den Betrachter dazu anleiten, seine Balance in schwierigen Krisenzeiten wiederzufinden. All diese Wahrnehmungen verdanken wir der Fähigkeit zu sehen. Je geschulter unser Auge für diese Dinge ist, desto mehr sehen wir.

Selbst im Alltag gibt es diese Momente des bewussten Schauens: Aus dem Fenster meines Arbeitszimmers fällt mein Blick auf das warmrote Ziegeldach gegenüber, über dem oft eine freche kleine Wolke schwebt, oder er kehrt zurück ins Zimmer und streift die fein gemaserte Holztür, den Schreibtisch mit all den farbigen Papieren und dem Kinderbild darüber, mit dem man als Erwachsener bei der Arbeit gern in Kontakt bleibt, auch z. B. während einer therapeutischen Sitzung in diesem Zimmer. Und dann trifft mein Blick auf die erwartungsvollen Augen meines Gegenübers – wie so oft ein bekümmerter, belasteter Mensch. Ingeborg Bachmann formuliert im Blick auf solche Begegnungen treffend: „Sehen, angeblickt habe ich's wieder erlernt."[88] Einander anblickend lernen wir einander sehen, immer wieder neu. Die erwartungsvollen Augen meines Gegenübers, dieser oft so vertrauensvolle Blick öffnet auch mich, und mein Gegenblick vermag wiederum den anderen zu erwärmen.

Wissen wir heute doch, dass uns als kleine Kinder solche warmen Blicke, die wir hoffentlich bekommen haben, aus den Augen unserer Mutter, unseres Vaters, unserer Großeltern oder der Geschwister zu unserem ursprünglichsten Selbstsein erweckt haben: zu dem Gefühl, gemocht, wichtig und richtig zu sein für die anderen. Vom Aufleuchten im Auge der Mutter wie des Vaters, wenn sie mich sahen, hängt weitgehend mein Selbstwertgefühl später im Leben ab, so meinen die Psychologen. Wo es gefehlt hat oder allzu selten war, ist es viel schwerer für die Betroffenen, ein gutes Selbstwertgefühl und damit auch den rechten Geschmack am Leben zu gewinnen. Von Augen-Blick zu Augen-Blick erlernen wir von der frühesten Zeit unseres Lebens an, was Beziehung ist. In solcher Augenbegegnung erlernen wir als Säuglinge überhaupt das Sehen, das Wahrnehmen eines zugewandten Gesichts: „Erst indem das Neugeborene das Gesicht der Mutter immer wieder intensiv betrachtet, entsteht in all jenen Hirnbereichen, die dabei aktiviert werden, ein zunehmend deutlicheres und präziseres inneres Bild dieser Mutter, das dann auch immer besser und sicherer wiedererkannt wird."[89]

Über Spiegelung und Nachahmung der elterlichen Gestik und Mimik, die wir sehend wahrnehmen, entwickelt sich unser ganzer Zugang zur Zwischenmenschlichkeit, zur Kommunikation. Wie reagiert schon ein Kind in den ersten Lebenswochen mit dem ganzen Körper auf die Zuwendung oder Abwendung des mütterlichen Blicks, selbst wenn ihm die Hände nahe bleiben. Wie beginnt es, mit allen Mitteln des Schauens um Wiederzuwendung der mütterlichen Augen zu werben, wie versinkt es in Resignation, wie erlischt die ganze Vitalität, wenn dieser Blick für längere Zeit ausbleibt! Es bedarf sogar einiger Anstrengung, um ein Kind nach minutenlanger Enttäuschung zum freudigen Blickaustausch wiederzugewinnen. Es geht dabei ums Ganze!

Im weiteren Entwicklungsverlauf wird dieses durchaus nicht nur in der Sehrinde lokalisierte, sondern auch mit dem Klang einer bestimmten Stimme, einem bestimmten Duft, bestimmten Bewegungen verbundene ganzheitliche innere Mutterbild weiter geschärft und gleichzeitig erweitert um all das, was diese Mutter sonst noch zu bieten hat. Gefühle, die sich in Mimik und Gestik äußern, Fähigkeiten und Fertigkeiten, auch Schwächen und Unvollkommenheiten, die ihr zum Erreichen des eigenen Wohlbefindens nutzbar gewesen sein mögen, dazu später auch Grenzen mütterlicher Geduld, die rechtzeitig erkannt und respektiert werden müssen.[90]

Auch dann, wenn das „Aufleuchten im Auge der Mutter" allzu selten gewesen wäre, gilt, dass dieses Einander-Sehen, Einander-Ansehen, wann auch immer im Leben es geschieht, unser Auge wieder öffnen kann für uns selbst, für den eigenen Lebenswert und Liebenswert. So beschreibt es Gabriela Mistral in dem Gedicht *Scham* im Blick auf einen liebenden Menschen, dessen Auge auf sie fällt: „Weil du mich anblickst, werd' ich schön/ schön wie das Riedgras unterm Tau."[91] Der liebevolle Blick erweckt die Schönheit eines jeden Menschen, macht sie sichtbar: Es geht noch um mehr, wenn der liebende Blick auf uns fällt, als um die Wiedererweckung unserer Schönheit. Die

Braut im alttestamentlichen *Hohelied* spricht es aus: „Ich bin geworden in seinen Augen wie eine, die Frieden findet" (Hohelied 8,10). Der liebende Blick schenkt uns Frieden, den Frieden des Angenommenseins, der uns erlaubt und ermutigt, uns selbst anzunehmen. Auch wenn wir solch einen Menschen, der uns den liebenden Blick schenkt, in diesem Augenblick nicht in der Nähe hätten: Fangen wir doch damit an, einem anderen, den wir gerne mögen, solch einen Blick zu schenken! Es ist nicht unmöglich, dass er erwidert wird.

In einer noch umfassenderen Weise spricht Goethe von dem gut beschauenden Blick, mit dem er, der Pflanzenbeobachter und Farbenforscher, die Urpflanze suchte: „Ein jegliches Ding, wohl beschaut, schließt ein neues Organ in uns auf."[92] Gilt dies schon für eine Pflanzenform, vielleicht für ein einzelnes Blütenblatt, das die Natur gestaltet hat, so ist es doch fast noch aufregender, eine solche Beschauung etwa einer Tonscherbe zu widmen, einem Fragment, das mit dem vervollständigenden, dem ganz machenden Blick eines Archäologen angesehen wird. Er hat das ganze Gefäß vor Augen, er imaginiert es, der potenziellen Formmöglichkeiten kundig, aus den Scherben heraus, und möglicherweise vermag er es zu rekonstruieren. Ähnlich sieht und imaginiert der schöpferisch akzeptierende Blick eines Psychotherapeuten oder Arztes aus dem fragmentierten Menschen, der in dem Moment vor ihm steht, den potenziellen ganzen Menschen heraus, auf den dieses Fragment angelegt war und ist, und versucht, den Menschen wieder auf solche Ganzheit hin auszurichten und zu entwerfen. Im Grunde entwirft er ein heiles Bild von ihm, das auf den zu heilenden Menschen positiv zurückwirken wird. Diese Fähigkeit des Menschen, mit dem „inneren Auge" zu sehen, zu erinnern und zu entwerfen, ist übrigens dichter, als man meinen sollte, mit der Fähigkeit gekoppelt, die Wahrnehmungskanäle der fünf Sinne präzise zu gebrauchen. Nur wer mit dem äußeren Auge genau zu beobachten weiß, wird sich mit dem inneren etwas gut vorstellen können. Wie außen, so innen, das gilt auch hier.

Warum nutzen wir diese Fähigkeit, dem äußeren Auge verdankt auch mit dem inneren, geistigen Auge zu sehen – sogar die
heile Gestalt eines Menschen zu sehen –, so selten? PET-Scans
bei einem Imaginationsexperiment haben erwiesen, dass bei den
Versuchspersonen während ihrer Imagination der visuelle Assoziationskortex, der für die kognitive und emotionale Verarbeitung
realer Seheindrücke verantwortlich ist, voll aktiv war. Wenn wir
imaginieren[93], handelt es sich also hirnphysiologisch betrachtet
um emotional und kognitiv gültiges, reales Wahrnehmen und
Erleben, das unser Gehirn als Gesehenes registriert.

Was Imagination bedeuten kann, zeigt ein Gedicht von Rose
Ausländer, das ganz aus Imaginiertem besteht.

### Einladung
*Auf dem Tisch*
*Äpfel und Wein*
*Blumen zerbrechliche Farben*
*Du bist eingeladen*

*Ich wohne im Haus*
*Nummer Null*
*Den Duft malte Monet*
*Äpfel gereift Cézanne*
*Den Wein brachte die Flaschenpost*
*Ich wiederhole*
*Du bist herzlich*
*Eingeladen*[94]

Wie hat da doch Monet den Duft mit seinen Augen „gesehen"
und die Farbe in Licht und Farbatmosphäre umgesetzt, wie hat
Cézanne die Äpfel in ihrer Reife wahrgenommen und male-
risch transponiert, sodass Rose Ausländer deren Bilder in sich
aufnehmen und ins Gedicht einbringen konnte und schließlich
auch wir aus ihrem Gedicht diese Bilder – Äpfel und Wein –
innerlich vor uns haben und ihrer Einladung folgen können.

Werfen wir schließlich einen Blick auf den realen Sehvorgang, der in seiner Komplexität staunenswert ist. Wenn wir nur

für einen Augenblick von diesem Buch aufsehen und unsere unmittelbare Umgebung betrachten – z. B. die alte Dorfkirche vor dem Fenster –, so haben unsere Sehorgane den Bildeindruck dieses Augenblicks bereits aufgenommen und ihn, in Millionen von Einzelsignalen zerlegt, über den Thalamus an Sehrinde und Stirnkortex weitergeleitet. Aus der Komplexität dieses Sehvorgangs wird für uns schließlich der einheitlich konkrete Seheindruck jener alten Kirche vor unserem Fenster gewonnen, der uns in dem Moment bewusst wird: Dort also steht diese Kirche. Zudem findet dabei ein subtiler Filterungsvorgang derjenigen Reize statt, die unser Gehirn, unserem Sehimpuls folgend, jeweils aufnimmt.

Oder nehmen wir ein weiteres Beispiel aus der Malerei, die ganz von unserem gestaltenden und wahrnehmenden Sehorgan lebt: Ein farbenprächtiges Gemälde, das „Pfirsichglas" von dem schon im obigen Gedicht genannten Monet, es hängt an einer zartgelb getönten Wand. Unweigerlich wird unser Blick von diesem Gemälde angezogen, wir blenden es ein, während wir die Wahrnehmung der Wand dahinter ausblenden, um eben dieses Gemälde fokussieren zu können. Das Gehirn gibt jeweils nur bestimmten Bildern seines Gesichtsfeldes Aufmerksamkeit und wirkt damit auf das ein, was wir wahrnehmen – und damit auch auf das, was wir im Moment ausblenden. Solche Filterung und Selektion ist lebensnotwendig: Von der einströmenden Lichtflut und von der Überfülle der Seheindrücke wäre unser Bewusstsein überschwemmt und damit überfordert. Allenfalls zehn Prozent des auf das Auge einwirkenden Lichtes werden deshalb durch unser Gehirn jeweils aufgenommen.

Unsere visuelle Wahrnehmung setzt ein, wenn von dem Gemälde und von der Wand her Licht durch die Augenlider auf das hoch spezialisierte Nervengewebe der Netzhaut trifft. Dort befinden sich die Fotorezeptoren, die Zapfen und Stäbchen, die auf die Wellenlänge und die Intensität des Lichtes ansprechen, um dadurch etwa die Farbwahrnehmung zu ermöglichen und zu steuern. Diese groben Daten werden nun in neuronale Impulse umgewandelt, in eine Sprache, die unser Gehirn versteht. Wir können das Gemälde auf der gelben Wand bewusst wahrnehmen, wenn die Informationen aus den einzelnen Modulen des Sehvorgangs miteinander kombiniert werden. Das geschieht allerdings für unser Erleben gleichzeitig.

Dieser Prozess beginnt im visuellen Assoziationskortex, wo Daten über das Was, Wie und Wo eines Objektes hinzukommen sowie Informationen über Farbe, Textur und Form (im Schläfenkortex) und für räumliche Details (im Scheitelkortex). Zur weiteren Analyse werden die Ergebnisse dieser Areale an höhere Gehirnregionen, zum Stirnkortex weitergeleitet. Wenn die visuelle Information dort angelangt ist, werden wir als Betrachtende unserer selbst in unserer Körperlichkeit bewusst und dessen, dass wir jetzt in einem Raum vor jenem Gemälde stehen.

Dieses Sehvorgangs sind wir uns im Allgemeinen nicht bewusst, und seine hirnphysiologischen Vernetzungen sind einem Nichtspezialisten kaum bekannt.[95] Dankbar und wie neu nehmen jedoch Menschen dieses Sehen wahr, wenn sie zum Beispiel nach einer Operation am Grauen Star durch die neue Linse blicken. Sie haben neuen Geschmack am Leben gewonnen, können sie doch jetzt wieder lesen, fernsehen, Bilder betrachten, am Straßenverkehr teilnehmen. Vor allem die Farben sind in neuer Intensität wieder da. Viele wussten gar nicht mehr, dass diese so leuchten können.

Zahlreiche Ausdrücke unserer Sprache bringen übrigens den Sehvorgang mit einem Erlebnis des Schmeckens, des Geschmackssinnes zusammen. So sprechen wir zum Beispiel vom „Farbenrausch", von einem „Augenschmaus" oder einer „Augenweide", wenn wir eine Landschaft, einen Früchtekorb oder auch ein Bild betrachten. Überhaupt sprechen wir dort von „Geschmack", wo es um ästhetische Wahrnehmung, wie von „Geschmacksurteilen", wo es um Würdigung und Wertung von Ästhetischem geht.

Die gesamte Wahrnehmung von Malerei beruht auf der Kunst des Sehens. Und so kann auch bei dem schon erwähnten Monet-Bild, auf dessen künstlerische Gestaltung wir nun unsere Aufmerksamkeit richten wollen, die eigentliche Betrachtung von Form, Gestalt und Gehalt erst jetzt beginnen.

Das Bild von Claude Monet, das er 1893 malte, trägt den Titel *Pfirsichglas* und ist heute in der Gemäldegalerie in Dresden zu finden. In einem fast quadratischen Bildfeld sieht man hier ein hohes Einmachglas, das eine Fülle von Pfirsichen enthält und umschließt. Die runden Formen sind gebändigt durch die geraden Linien des hohen Glases. Orangerot leuchten sie uns daraus entgegen. Die Pfirsichstiele und sogar eine Zimtstange sind deutlich erkennbar. Ganze Pfirsichvorräte sind also angelegt. Außerhalb des Glases aber finden wir auf der Platte, in der das Glas sich spiegelt, noch vier frische Pfirsiche in ihrer reifen, lebendigen Form. Sogar die samtene Haut erscheint durch Monets subtile Malweise, durch zartestes Weiß auf dem Pfirsichrot, wie zum Tasten nahe. Mit seinem dunkelbraunen Hintergrund kann das Bild kaum eine andere Bedeutung haben als die, den Kontrast zwischen den lebendig-frischen und den eingemachten Früchten sichtbar werden zu lassen, wobei auch die Freude an Vorräten solcher Früchte geweckt wird, daran, dass sie für die dunkleren Zeiten des Jahres bewahrt werden können.

Künstlerisch mag Monet vor allem die Möglichkeit interessiert haben, die Früchte durch das Glas hindurch, also durch ein Medium gebrochen, darzustellen. Das Thema einer „Brechung der vitalen Farben" und damit Brechung des Vitalen überhaupt klingt dabei an, das Thema Sommer und Winter, damit vielleicht auch das Alter im Gegenüber zur Jugendfrische.

Im Grunde thematisiert das Bild die Fähigkeit des Malers und damit des Malens, Vergängliches wie die reifen Pfirsiche aufzubewahren, durch Erinnerung, Imagination und vor allem künstlerische Gestaltung, durch ein geschultes Auge mit

Geschmack und eine künstlerisch geschulte Hand. Monets Malerei kann hier dazu anregen, den Geschmack des guten Lebens, ausgedrückt durch die frischen Pfirsiche, zu gewinnen und zu erhalten, zu bedenken und zu genießen. Ein Bild, das angesichts unserer begrenzten Lebenszeit zum *carpe diem* auffordert.

Nicht nur die Wahrnehmung von Malerei, sondern auch die der gesamten Kultur in Theater, Film, in allen Formen der Television, ist mit dem Sehen verbunden. Diese Wahrnehmungen der Wirklichkeit über das Sehen begleitet uns durch alle Lebensphasen hindurch. Meine Mutter sagte im Alter einmal ganz versonnen: „Seit ich mich nicht mehr so gut bewegen kann, sehe ich die Blumen viel genauer." Sie konnte sich dabei langsam von Bank zu Bank begeben und von dort aus die einzelnen Blumenbeete, die in dem Park vor ihr lagen, in aller Ruhe betrachten. Manchmal blieb sie, auf ihren Stock gestützt, vor einzelnen Blumen stehen, die ihre Neugier und Aufmerksamkeit erregt hatten, zum Beispiel vor einer purpurroten Lobinie, die alle anderen Blüten dieses Beetes überragte. Sie nahm diese Blume in allen ihren Einzelheiten auf: „Eine Blume, die ich doch bisher noch gar nicht gekannt habe!", sagte sie überrascht.

Überhaupt erscheinen mir die Erfahrungen bemerkenswert, die mit Farben, Bildern, aber auch mit der Anregung, selbst einmal wieder zu malen selbst bei hochbetagten Menschen gemacht werden können. Die hierbei entstehenden Bilder sind meist reich an Emotionen und an solchen Erinnerungen, die dicht mit Gefühl besetzt sind, ob es nun ein bestimmter Gegenstand ist, ein alter Familienschrank zum Beispiel, ein Medaillon oder ein bestimmtes Haus, ein Baum, ein Lieblingstier wie Katze oder Vogel, ein bestimmter Berg oder See. Es sind dies einmal gesehene und tief in die Erinnerung eingeprägte Eindrücke von Gegenständen oder Landschaften, die aus den einzelnen Phasen des Lebens, häufig aus der Kindheit stammen und die jetzt im Malen wiedererstehen können in lebendiger Farbe und Form.

Für alle Beteiligten ist dieses Malen ein Seherlebnis ganz besonderer Art, verstärkt noch dadurch, dass sie einander schließlich ihre Bilder zeigen, dass sie anhand ihrer Bilder, die für längere Zeit die Wände ihres Heims schmücken, ihren neu gewonnenen „Geschmack am Leben" miteinander teilen können.

Selbst die letzten Wochen ihres Lebens können sich durch die Lust an Farben und Formen, durch Malen noch einmal mit Sinn und Freude füllen. So konnte ich es bei einem krebskranken Klienten miterleben, der seine eigene Transformation durch den Sterbeprozess zu malen versuchte und dadurch seine Familie in sein Erleben miteinbezog, das zugleich eine Sinnsuche und eine Sinnfindung war.[96]

Oft habe ich bei Schwerkranken, bei Alten und Sterbenden in Imagination oder Gestaltung das Motiv des Regenbogens auftauchen sehen, ein Zeichen der Versöhnung mit ihrem Leben, das bei einer der Frauen unmittelbar nach ihrer Operation wirklich vor ihrem Zimmerfenster in der Klinik erschien und sie sehr tröstete. Noch öfter aber ist es die Sonne, die nach meiner Erfahrung in ihren Imaginationen und Träumen so häufig auftaucht wie sonst nur bei Kindern. Sie steht hier als die Lebensquelle schlechthin, in der letzten Lebensphase wird sie manchmal aber auch in Gestalt des Sonnenuntergangs gemalt.

Wie zum Hören die Luft, die die Töne heranträgt, gehört, so gehört zum Sehen das Licht in seiner Wellennatur. Ohne Licht und die entscheidende Lichtquelle, eben die Sonne, kein Sehen, kein Erkennen, keine Erleuchtung. Dessen tief bewusst, schreibt Ingeborg Bachmann in der letzten Strophe des Gedichts *An die Sonne*: „... darum werde ich ... deinetwegen und bald endlos und wie um nichts anderes sonst Klage führen über den unabwendbaren Verlust meiner Augen."[97] Um nichts anderes, das im Alter und im Sterben und durch frühes Unglück oder Krankheit verloren gehen kann, wird sie so sehr Klage führen wie um den Verlust ihrer Augen – Augenmensch, der sie offenbar war.

In dieser letzten Gedichtstrophe ist vor allem ausgedrückt, wie sehr sie über die Fähigkeit zu sehen staunt, sind ihre Augen doch noch nicht bedroht – sie schreibt dieses Gedicht in ihren Dreißigern. So will sie doch nichts anderes als das Licht rühmen, wie Goethe in seiner tiefgründigen Zeile: „Wär nicht das Auge sonnenhaft, die Sonne könnt es nie erblicken" aus einem kurzen Gedicht, die bei Ingeborg Bachmanns Gedicht Pate gestanden haben mag, ebenso wie Gottfried Kellers unvergessliche Strophe aus seinem Gedicht *Abendlied*: „Trinkt, ihr Augen, was die Wimper hält, von dem goldnen Überfluss der Welt!" Vor allem aber klingt in der großen schlichten Anrede „An die Sonne" Hölderlins Sprache an: eines seiner Gedichte an Diotima, in dem sie ihm diese Sonne ist.

Das Licht zu sehen, gehört also zu den Grundvoraussetzungen eines guten Lebens. Besonders interessant erscheint mir in diesem Zusammenhang die Fähigkeit unseres Gehirns, wie bei den anderen Sinnesorganen beim Sehen etwas einzublenden und auszublenden. Die Fülle der Eindrücke würde uns – wie schon gesagt – ohne solche Selektion einfach überwältigen. Entscheidend ist dabei die Fähigkeit unseres Bewusstseins, das Heilsame, das dem Leben Dienende einzuschalten. Wobei wir die Augen vor dem Heillosen keineswegs verschließen, es gewiss nicht aus unserem Gesichtsfeld verbannen sollen. Aber es soll und darf – um des Lebens willen – nicht das Zentrum, nicht das Ganze unseres Gesichtsfelds füllen. Zudem gilt es, das Unheilvolle im Blick auf das zu Heilende wahrzunehmen. So wie der ärztliche Blick eine Wunde immer unter der Perspektive einer möglichen Heilbehandlung betrachtet, so gilt es, das Unheilvolle unter uns Menschen und in der Welt im Sinn der tiefen Anteilnahme, des möglichen Beistandes und Hilfeleistens wahrzunehmen und so in unsere Mitverantwortung zu nehmen.

Zu dem, was wir aber auf keinen Fall übersehen können, sondern ganz ausdrücklich unser verantwortungsvolles Hinsehen braucht, zählen die Bilder der aktuellen Zeitgeschichte, wie sie um uns herum aufblitzen und uns in den Medien täglich überfallen: Seit Jahrzehnten sind es vor allem die Bilder der globalen Umwelt- und Klimakrise und seit dem Frühjahr des Jahres 2022 der kriegerische Konflikt zwischen Russland und der Ukraine, da Putins Regime den Willen der Ukraine zur Unabhängigkeit offenbar nicht erträgt.

Unter den Fotos, die täglich um die Welt gehen, das einer Großmutter mit wild schreiendem, strampelndem Enkelkind vor dem gänzlich zersprengten Wohnhaus – eines von Hunderttausenden dieser Art. Daneben ein Mann, der nun mit aufgerissenem Mund für diese Frau aufschreit, für sie, die den Mittelpunkt dieses Bildes darstellt. So ruft dieses Foto nach einem Blick und einem Gehör für jene Frau und alle, die diesen unfasslichen neuen Krieg und was in ihm geschieht erleiden.

Elementar wichtig erscheint mir bei diesen Bildern, dass wir immer selbst hinsehen und uns nicht nur durch die mediale Vermittlung überschwemmen und zugleich abstumpfen lassen. Beim Selbst-Hinsehen in der Reichweite unserer Augen entdecken wir nämlich die Seite der Not, in der unsere Hilfe, unsere Solidarität angebracht und möglich ist – und ginge es nur um einen Begleitgang bei der Wohnungssuche einer geflüchteten Frau, die sich hier noch nicht auskennt.

Not, bei der wir zupacken, die wir lindern helfen können, lässt uns auch hier am guten Leben dranbleiben, lässt uns fürs Leben wichtig bleiben, verleidet uns unseren Geschmack am Leben nicht.

„Unser Auge hat sich am Licht gebildet, nicht am Dunkel" – das gilt im direkten wie auch im übertragenen Sinn, es ist und bleibt vom Licht geprägt und auf das Licht bezogen. Schon bei Aristoteles, in seiner Schrift *De anima*, haben die einzelnen Organe „Seele". Die Seele des Auges, so könnte man sagen, ereignet sich, verwirklicht sich in der Begegnung zwischen Auge und Welt, vermittelt durch das Licht. Unser Auge ist eingestellt auf Licht, es hat sich am Licht entwickelt.

# GLÜCK EMPFINDEN:
## Vom Auskosten des Lebens

Bei den bisherigen Überlegungen übten wir uns darin, den Geschmackssinn für das Leben – zusammen mit allen anderen Sinnen – zu erproben, das heißt, ihn als den zentralen unserer Sinne zu erkennen, als den Sinn für das Leben überhaupt. Es geht darum, uns für die Wahrnehmung der erfüllten Momente zu sensibilisieren.

Geschmack am Leben zu gewinnen, erscheint uns auch unter therapeutischen Gesichtspunkten als ein hoher Wert, als der Lebenswert überhaupt. Aus dieser Fähigkeit, immer wieder glückende Momente zu entdecken, sie dem Leben zuzutrauen und sie auch selbst mitzugestalten und zu gewähren, erwächst ein Lebensgefühl, das dem Leben letztlich zutraut, zu glücken oder, individueller ausgedrückt: dass mein Leben gelingen kann.

Wie es schon durch die Wahrnehmung der Sinneserfahrungen in einer Landschaft, die zugleich eine Lebenslandschaft für uns sein kann, zu besonders erfüllten Momenten kommen kann, vermochte kaum einer so berührend zu beschreiben wie Albert Camus, zugleich Autor jenes späteren Buches über den schicksalsgeschlagenen und schicksalsbereiten Sisyphos. Hier aber möchte ich etwas aus seiner frühen Erzählung *Hochzeit des Lichts*[98] zitieren, das schon in diesem Titel das Licht mit unserem Auge so zusammenführt, als feiere das Licht Hochzeit mit unserem Sehen: „Wir kommen durch das Dorf, das bereits am Rande des Bachs sichtbar wird. Eine Welt von Gelb und Blau tut sich auf und hüllt uns in den bittersüßen Sommergeruch der algerischen Erde. Rings branden die Bougainvillen rosa über die Mauern." Von da aus geht es hinab zu den Felsklippen, „an denen das Meer mit Kussgeräuschen schlürft und saugt …"

Da ist das Schauen in diesem Text: das Dorf in Gelb und Blau und unter einem Rausch von Blumenfarben. Da ist der bittersüße Sommergeruch der algerischen Erde und deren Recht auf Liebe, wie es der Schauende empfindet. Da ist das Lauschen auf die küssenden Geräusche der Küstenwellen, die den Strand berühren, und dann das Erfahren des Meeres mit dem eigenen Körper, der darein eintaucht. Ein Schmecken des Lebens dies alles: „Ich biss in die Frucht der Welt und fühlte erschauernd ihren starken süßen Saft mir über die Lippen laufen. Ich trank ihren Duft und ihren Atem. Nein, ich zähle nicht nach der Welt; nur die schweigsame Eintracht unserer Liebe galt." Die Liebe zwischen dem Betrachter und seinem heimatlichen Land, zu dem auch das Meer gehört, das ist es, was zählt. Es folgt ein Sich-selbst-Finden unter diesem Sinneserleben, das zum Sinnerleben wird, einer Erfahrung innerer Begegnung mit der Außenwirklichkeit und einem damit verbundenen tiefen Glücksgefühl. Um solche und ähnliche Erfahrungen soll es im Folgenden gehen: Das Leben schmecken.

In dem Lebensgefühl, das Camus hier beschreibt, steckt das Grundgefühl, mit dem Leben immer mehr in Einklang kommen zu können, in eine Übereinstimmung, die nicht von vornherein gegeben sein muss, die aber im Verlauf der Lebensreise von den Sinnen zum Sinn gewonnen werden kann.

Wir gehen hier davon aus, dass eine jede, ein jeder in einen Körper hineingeboren ist, der ihn und der sie von anderen unterscheidet und uns zu einem Ich, zu einem Selbst macht. Das Sein in einem Körper macht es uns möglich, ein Innen und ein Außen, ein Ich und eine Außenwirklichkeit zu unterscheiden. Es ist aber auch die Voraussetzung und die Möglichkeit, ein Gegenüber zu erfahren, es ist die Chance zu einer Begegnung.

Da mit jeder Erfahrung einer Außenwirklichkeit ein Echo in unserer Innenwelt, ein Gefühl verknüpft ist, gelingt es uns, falls nötig, uns von anderen abzugrenzen oder ihnen innerlich nahezukommen und sie auch innerlich in uns aufzunehmen.

„Vor allem, mein Lucilius, lerne, dich zu freuen"[99], so schrieb Seneca, der antike Philosoph, in einem seiner Briefe an seinen Schützling, den er in die Lebenskunst einführen möchte. Diese Aufforderung gilt schon, solange wir Menschen sind. Und die freundschaftliche Anrede Senecas macht Lust dazu. Setzen wir also unsere Entdeckungsreise fort und fragen wir in diesem Sinn nach dem Glück.

Dass die Wahrnehmung von Glück in Deutschland wie überhaupt in der deutschen Mentalität keine große Tradition hat, steht außer Frage. Selbst das Wort für Glück, „Gelücke", wie es mittelhochdeutsch heißt, ist in unserer Sprache erst relativ spät – um 1160 – nachweisbar, und lange noch wurde es nicht im Sinn des Glücks, sondern des Zufalls verstanden. So in einem alten Lied aus dem Dreißigjährigen Krieg:

*Sei dennoch unverzagt*
*gib dennoch unverloren,*
*weich keinem Glücke nicht.*

Dem unzuverlässigen Glück wären allenfalls Hoffnung und Unverzagtheit entgegenzusetzen. Der im Blick auf unsere Mentalität einflussreiche Sigmund Freud aber sagt schlicht: „... die Absicht, dass der Mensch glücklich sei, ist im Plan der Schöpfung nicht enthalten."[100]

Angesichts der Ergebnisse der heutigen Hirnforschung ist jedoch gerade dies die Frage. In unseren Gehirnen sind nämlich eigene Schaltungen für Freude, Lust und Euphorie nachweisbar, zum Beispiel für die Freude am Geschmack von Speisen, die unmittelbar dazu dienen, unseren Energiehaushalt zu steuern, aber auch für die Freude an Berührung vom Streicheln bis zum Sex oder die Freude am Wagnis, am konzentrierten Lernen und am schöpferischen Schaffen. Aber: Ignorieren wir nicht im Allgemeinen diese Anlage, die unserem Organismus eingestiftet ist, indem wir sie viel zu wenig zu gebrauchen wissen?

Dabei wäre sie, wie die Neurophysiologie nachweist, durchaus trainierbar – so gut wie die Anlage, eine Sportart oder

Fremdsprache zu erlernen und zu optimieren. Unser Gehirn nämlich ist und bleibt bis ins Alter plastisch, und seine Schaltungen sind veränderbar, erneuerbar, umschaltbar. Es ist also möglich, es auf Erfahrungen von Freude hin umzuschalten, es überhaupt erst einmal darauf einzuschalten.

Merkwürdig oder auch nicht: Das Thema „Glück" hatte vor wenigen Jahren dennoch eine Weile Konjunktur in den deutschen Medien, auch in Zeiten, in denen viele Gesichter in den Straßen oder Straßenbahnen, wo man sie länger beobachten kann, eher freudlos anmuteten als glücklich. Das Thema „Glück" überschwemmte erstaunlicherweise eine Zeit lang den Büchermarkt. Und neben mancher seichten Gebrauchsliteratur erschienen ernst zu nehmende Bücher wie *Das gute Leben. Der ehrliche Weg zum Glück*[101] von Heiko Ernst, dem derzeitigen Chefredakteur der Zeitschrift *Psychologie heute*, der darin nicht nur psychologisch, sondern auch philosophisch argumentiert.

Daneben steht der Bestseller von Stefan Klein, *Die Glücksformel*, der die zu seiner Zeit neu erforschten neurowissenschaftlichen Grundlagen unserer Fähigkeit, Glück zu erleben, sorgfältig recherchiert und wertvolle Hinweise gibt, wie wir diese Fähigkeit optimal nutzen und trainieren können.

Selbst in der Theologie, die dem Thema aufgrund ihrer alten Ambivalenz gegenüber dem „irdischen Glück" lange skeptisch gegenüberstand, wird es mit neuen Akzenten diskutiert. Das bekannte Theologenehepaar Dorothee Sölle und Fulbert Steffensky, das immer wieder – schon seit 1998 – einen Dialog über „Gott und das Glück"[102] geführt hat, griff das Thema mit Dorothee Sölles letztem Vortrag in der Akademie Bad Boll wieder auf, mit dem bedenkenswerten Zusatz in der Formulierung „Wenn du nur Glück willst, willst du nicht Gott"[103]. Nach diesem Vortrag gab es eine Podiumsdiskussion, ein eheliches Streitgespräch. Für Sölle bedeutete Glück so etwas wie eine immanente Transzendenz. Es war dies nur drei Tage vor ihrem Tod durch einen Herzinfarkt am 25.4.2003, noch in Bad Boll.

Die Sehnsucht nach Glück ist offenbar gerade deshalb so groß, weil das Erleben von Unglück in unserer Gegenwart stark ist. Ich erinnere nur an krisenhafte Entwicklungen während der letzten Jahrzehnte, vor allem im Blick auf Umwelt- und Klimafragen, die während der letzten beiden Jahre noch überholt wurden durch die allen gemeinsame Erfahrung einer Coronapandemie, für deren Bewältigung uns zunächst jedwede Voraussetzung fehlte – medizinisch, strategisch, gesellschaftlich.

Im Jahr 2022 kam noch der Schock eines von Putin angezettelten Krieges in Mitteleuropa hinzu, einem ideologisch begründeten Rückeroberungskrieg gegenüber der sich verselbstständigenden Ukraine – und dafür diese unfasslichen Opfer an Menschenleben, diese Zerstörung von Wohngebieten, Wirtschaftsräumen und Kultur.

Konstelliert sich aber nicht immer wieder – dies eine These von Carl Gustav Jung[104] – das Gegengewicht, zunächst im Unbewussten des Einzelnen, aber auch anwachsend im gemeinsamen Unbewussten der betroffenen Menschen? Das Gegengewicht nämlich in Gestalt dessen, was dem gemeinsamen Bewusstsein derzeit am meisten fehlt? Und das wäre – zunächst einfach als eine unbezwingbare Sehnsuchtskraft wahrgenommen – für uns heute das Thema Glück, das sich allerdings nach einer Welle von sogenannter Glücksforschung in letzter Zeit nun stärker zum Thema „Sinn" hin verlagert, wozu als Weg und leitende Einstellung immer häufiger die Achtsamkeit benannt wird, die ihre Herkunft aus dem Buddhismus, aus einer Meditationspraxis wie dem Zen nicht verleugnen kann, auch wenn sie nun bei uns mehr im allgemeinen Sinn von Aufmerksamkeit, einem wacheren Lebensstil überhaupt verstanden und praktiziert wird. Darauf werde ich im Folgenden in einem Exkurs noch einmal zurückkommen.

Gibt es aber glückliche Momente im Leben nur als die Sehnsucht danach? Oder welcher könnte für uns der letzte wirklich glückliche Moment gewesen sein?

Als ich einem mir sehr lieben Kollegen nach dessen schwerer Coronainfektion überraschend wieder begegnete und ihn nun voll Dankbarkeit für die gute Ausheilung vorfand, darüber hinaus voll von spürbar neuem Schaffensdrang, war das ein beglückender Moment, auch für mich.

Der vorletzte solcher Momente war die Mitfreude über die Nachricht, dass ein mir nahestehender junger Wissenschaftler, der seine kleine Familie über die Runden zu bringen hat, nun endlich eine ganz neu eingerichtete Stelle fand: Sprachunterricht für geflüchtete ukrainische Schüler. Es erfüllt ihn nun ganz, aufgrund seiner Sprachkenntnisse im Russischen ist er dem gewachsen.

Auf ganz anderer Ebene beglückte mich – und nicht nur mich – der doch noch einsetzende Schneefall des vergangenen Winters, der allgemeinen Klimaerwärmung zum Trotz, der die Bäume verzauberte, die Dächer und die Straßen. Und die Kinder im Schnee zu erleben! Wie sie einen kleinen Schlittenhang zum Ort eines einzigen Freudengeschreis machten. Und wie ich in meinem Alter mit auf einem Schlitten zu sitzen komme und mit einem so vor Freude erhitzten Kind hinuntersause, knapp an einem Baum vorbei, wobei ich merke, dass auch ich noch lenken kann. Das Schleifen der Füße wieder zu erleben, das Bremsen im Schnee, dann das Aufstäuben der Wolke von eisigen Kristallen, sie auf dem Gesicht zu spüren – das war ein Glücksmoment! Schnee ist nicht mehr selbstverständlich für uns, deshalb ist die Freude an ihm umso größer.

Glücksmomente in unser aller Leben? Wenn diese Frage aufkommt, spult unser Such- und Erinnerungsgerät rasch zurück in die Kindheit: Da ist zum Beispiel der erste gelungene Schwung auf Skiern, der erste Sprung vom Sprungbrett. Jeder von uns kennt einen eigenen solchen Glücksmoment guten Körpergefühls.

Das Suchgerät nach Glück durchgleitet die Jugendjahre: die Vorfreude auf die Begegnung mit einem ersten geliebten Menschen; das erste Eintauchen in die Augen eines anderen, das erste Ertrinken darin; Berührungen, unter denen einen ein Glücksschauer überrieselt. Glücksmomente später im Beruf, wenn etwas gut gelungen ist. Wenn Echo, wenn Anerkennung kommt. Erfülltes Schaffen erleben, Begeisterung für eine Sache, ein Engagement, geglückte Kreativität, wenn wir etwas Gelungenes gekocht, genäht, geschreinert, gemalt haben oder ein Lied, ein Gedicht vorgetragen, eine neue Sprache ausprobiert, etwas gewagt, was über alles Bisherige hinausging, oder bei einer politischen Aktion etwas erreicht haben. Bei jeder, bei jedem von uns mag es etwas anderes sein, das wir als Glücksmomente erinnern, Augenblicke, in denen wir ganz erfüllt von etwas, von jemandem waren.

Uns solcher Augenblicke des Glücks bewusst, uns ihrer bewusster zu werden und sie zu erinnern, ist ein gutes Mittel, eine weniger gute Stimmung, die uns vielleicht zuzeiten plagt, hinter uns zu lassen. Es genügt ja nicht, glücklich zu sein oder glücklich gewesen zu sein. Man selbst muss dieses Glück auch bemerken, sonst nährt es nicht. Es heißt, das jetzt wieder wahrzunehmen, was uns gutgetan hat, was uns guttut.

Eine mögliche Lebenszufriedenheit, ein glückliches Lebensgefühl setzt sich wie ein Mosaik aus vielen wahrgenommenen glücklichen Momenten zusammen. So ist es möglich, ein Tagebuch der glücklichen Momente zu führen, wie es Giovanni Fava[105] mit depressiven Patienten praktizierte. Denn er stellte fest, dass bei diesen die schlechte Gewohnheit, sich glückliche Momente nicht einzugestehen, besonders verbreitet war, z. B., indem das beglückende Wiedersehen mit einem Lieblingsneffen nachträglich entwertet wurde, indem man sich einflüsterte, die Freude habe doch sicher gar nicht einem selbst, sondern nur dem Geschenk gegolten, das man ihm dazu mitgebracht habe.

Andererseits meint der über Glück forschende Stefan Klein: „Wer Buch führt über seine guten Momente, richtet seine Aufmerksamkeit wie einen Scheinwerfer auf alles, was für ihn angenehm ist, und weil die Augenblicke der Freude schwarz auf weiß festgehalten sind, hat das Gehirn keine Chance, sie später wegzudiskutieren."[106]

Erst recht könnten wir als TherapeutInnen – wie Verena Kast vorschlägt[107] – zu Beginn oder im Lauf einer Therapie eine Anamnese der Glücksmomente in der Lebensgeschichte eines Patienten aufnehmen, anstatt unsere Aufmerksamkeit vor allem und nur seiner Leidensgeschichte zu widmen. Wenn wir stattdessen auch den Glücksmomenten, die es in jedem Leben gibt, gebührende Aufmerksamkeit gäben, veränderten wir das Lebensgefühl bzw. das Selbstwertgefühl eines Menschen sowohl im Blick auf die Gegenwart als auch nach rückwärts in seine Lebensgeschichte hinein. Er könnte sich dann womöglich nicht mehr nur als Pechvogel sehen, sondern sich seiner auch als eines gelegentlichen Glückspilzes erinnern.

Selbst einen Krebskranken wagte ich einmal bei seiner Anamnese zu fragen – natürlich erst, nachdem wir alles Belastende durchgesprochen hatten –, was er in seinem Leben gerne getan und erlebt hatte. Das Hantieren mit Farbe, Pinsel und Papier, das Malen sei es gewesen, sein ganz großes Hobby, dem er fast alle Freizeit gewidmet hatte. Das Malen wurde denn auch das wesentliche Medium unserer Therapie. In diesem positiv besetzten Medium vermochte er seine dunklen Gefühle, seine Ängste auszudrücken, auszufantasieren, bis auch die Hoffnungsaspekte wieder aufkommen konnten – es blieb nie ohne das zugleich befriedigende Gefühl, gestalten zu können, ein Erlebnis, in dem der Patient immer wieder ganz aufging.[108] Keine Lebensphase ohne Glücksmomente, auch nicht während einer Krebserkrankung.

Die Fähigkeit, Glücksmomente zu erleben, ist dem menschlichen Gemüt, ist dem Gehirn eingestiftet, es ist dafür eingerichtet. Das Glückserleben beruht, wie wir heute wissen, auf einer neurophysiologischen Grundlage, ja Grundanlage: So werden Botenstoffe wie die Dopamine und Opioide allein schon bei der Vorfreude[109] auf ein vorgestelltes und erhofftes freudiges Ereignis ausgeschüttet. Vorfreude gehört übrigens aus neurophysiologischer Sicht zu den intesivsten Glückserfahrungen überhaupt. Erlauben wir uns doch, Vorfreude anzureizen vor der Wiederbegegnung mit lange vermissten Menschen, vor runden Geburtstagen, vor Reisen und vor Festen!

Wenn wir von jemandem wissen, dass es ihr oder ihm eine große Freude bereitet, uns bald einmal wiedertreffen zu können, so sollten wir die Einladung dazu so früh wie möglich aussprechen. Dann könnte die Vorfreude umso länger ausgekostet werden.

Der Freude nämlich entsprechen gewisse Schaltvorgänge in unserem Gehirn, die es verändern, verjüngen, ja differenzieren, da ihm hierbei jeweils neue Verschaltungsmöglichkeiten zuwachsen. Das Erwartungssystem des Gehirns löst Vorfreude aus, sobald wir uns ein Ziel vorstellen, ein Ziel setzen, ganz egal, was es zum Inhalt hat[110], ob es das Beherrschen einer Fremdsprache ist oder einen ersehnten Menschen für sich zu gewinnen, einen Traumjob zu bekommen oder gar die „ewige Seligkeit". Selbst die Hoffnung hierauf wäre nicht ganz so illusionär, wie man meinen könnte. Denn die Vorfreude ist eine wirklich erlebte Freude, die uns keiner mehr nehmen kann, selbst wenn das Erwartete, wenn es dann kommt, ihr nicht ganz entspräche. Andererseits: Wenn das Erwartete doch einträfe, dann könnte uns niemand die verpasste Vorfreude mehr ersetzen, wenn wir sie versäumt, wenn wir sie nicht zugelassen hätten aus Angst vor möglicher Enttäuschung.[111] Vorfreude gehört deshalb auch aus psychologischer und psychotherapeutischer Sicht zu den wirksamsten Erfahrungen eines Lebens, in dem die kreative Kraft der Hoffnung als der elementare Lebensimpuls selbst verankert sein könnte.

Was die Utopie Glück uns bedeuten, welche Vorfreude sie wecken, welche Fantasie zur Veränderung sie auch freisetzen kann, beschwört Hans Magnus Enzensberger in seinem Gedicht *Utopia*.[112] Er lässt da „Sonaten trommelnde Milchmänner" erscheinen wie auch „Rad schlagende Prokuristen", ja sogar fröhlich „zwitschernde Päpste" und – wenn auch weniger sensationell – „Semmeln verschenkende Bäcker". Das Glück allerdings kann hier ausbrechen „wie ein Löwe" , wenn der Ruf ertönt: „Steigt ein, ihr Milchmänner, Bräutigame und Strolche! Macht los! Mit großer Kraft steigt auf der Tag."[113]

Im Erleben von Wohlbefinden sind Körper und Seele samt der Umwelt aufs Engste miteinander verflochten. Wie alle Gefühle nimmt auch das Glücksempfinden seinen Ausgang im ganzen Körper: Wohlbefinden entsteht, wenn das Gehirn und damit unser Bewusstsein wie unser Gefühl die entsprechenden Signale von Herz, Haut und Muskeln empfängt und auf Glück hin zu deuten versteht.

Es existieren bestimmte Regionen des Gehirns, die Wohlbefinden erzeugen bzw. anzeigen: eigene Schaltungen für Freude, Lust und Euphorie, gleichsam ein ganzes Glückssystem. Auch das Gehirn des erwachsenen Menschen ist veränderbar, sodass wir bei jeder neuen Erfahrung, jedem neuen Glücksmoment wie bei jedem Lernvorgang überhaupt die Schaltkreise verändern und neue Bahnen im Geflecht der Nervenzellen anregen, die sich tatsächlich ausformen. Diese Organisation unseres Gehirns verdanken wir der Evolution.

In diesem Zusammenhang ist besonders bemerkenswert, dass alle Ziele, die zur elementaren Erhaltung des Lebens dienen, von jeher mit Lust verbunden gewesen sind, nämlich Essen, Trinken, Sexualität, die Fürsorge für den Nachwuchs, das Aufnehmen, das Stillen, im Tierreich „Brutpflege" genannt, der ganze Bereich also der zärtlichen und freundschaftlichen Berührungen und Kontakte.

Nicht weniger aber sind es unsere Neugier, unsere Entdeckungslust, unsere Freude am Wagnis, die durch immer neue solcher Verschaltungen zwischen den Sinnen und dem Gehirn möglich werden, durch alles, was wir dabei ständig hinzugelernt haben und weiter dazulernen. Gerade aber auch die Erfahrung, etwas Schweres durchgetragen, durchgestanden zu haben, erfüllt uns mit Befriedigung bis hin zum Stolz, mit Dankbarkeit, oft mit Glück.

Da das Glück untrennbar mit unserem Körper und Körpergefühl verbunden ist, ist es sinnvoll, den Körper und seine Bedürfnisse noch spezieller zu beachten, als es schon geschieht. So ist bereits Bewegung, wie viele heute wissen, ein sicheres Mittel, die Stimmung zu heben, daher kann man in allen Altersstufen heute einen Trend zum Joggen, Wandern, Fahrradfahren beobachten.

Gerade wenn Schreckensmeldungen ankommen, habe ich selbst immer das spontane Bedürfnis, mich zunächst einmal intensiv und lange zu bewegen, zu laufen, einen weiten Weg unter die Füße zu nehmen. Als mich die Nachricht vom Tod eines mir innerlich nahegebliebenen Jugendfreundes traf, habe ich einen Weg von wenigstens zehn Kilometern zurückgelegt. Erst heute begreife ich ganz, warum dies sinnvoll war und dass es buchstäblich tröstende Substanzen freisetzte.

Andererseits kann konzentrierte Wahrnehmung, zum Beispiel des Atems, wie wir sie vielleicht in einer Atemtherapie[114] üben, von intensivem Wohlgefühl begleitet sein. Die Achtsamkeit überhaupt, die uns Menschen im Westen vor allem über Meditationswege und Aufmerksamkeitsübungen aus dem Osten nahegekommen ist[115], spielt seitdem hier ebenfalls eine zunehmende Rolle im Blick auf das, was Leben erfüllen kann.

Glück durch konzentrierte Aufmerksamkeit, die unser neurophysiologisches Aufmerksamkeitssystem anregt, ist auf vielen Gebieten zu gewinnen, und man kann es trainieren, so z. B. beim Schachspiel – von Zug zu Zug. Immer wieder neu zu hören und zu sehen wie beim ersten Mal, das wäre der Gewinn solcher Aufmerksamkeitsschulung. So kann ein kleiner Junge, der eben erst die Zahlen kennenlernt, seiner Großmutter begeistert zurufen: „Schau nur, diese wunderbare 357!", als er diese Hausnummer auf einem Spaziergang entdeckt. Das Glück, zum ersten Mal im Leben eine 357 zu erkennen!

Nach allen Beobachtungen entsteht Glück weniger aus bloßer Untätigkeit, vielmehr – angefangen bei der Funktionslust unseres Körpers – aus einer Betätigung, bei der unsere neurophysiologische „Glücksanlage" anspringt. Schon Aristoteles war der Ansicht, dass Glück die Folge einer Tätigkeit sei. Er machte als Erster auf die Mitwirkung unserer fünf Sinne dabei aufmerksam: Das Gute und damit das Glück für den Menschen sei „tätige Verwirklichung der Seele gemäß ihrer Tüchtigkeit", und wenn der Fähigkeiten mehrere sind, dann „gemäß der besten und der vollständigsten; und dies in einem ganzen Menschenleben"[116]. Allerdings sieht er zwei Wege zu einer solchen „tätigen Verwirklichung der Seele": die philosophische und die politische Lebenspraxis. Das aus einer solchen „aktiven Verwirklichung der Seele" gewonnene Glück sei bewusster als beispielsweise das „auflösende Glück" einer bloßen Entspannung, da es eben auf Steigerung und Erweiterung des Selbsterlebens beruhe.

Neue Lernerfahrungen, neue Erfahrungen überhaupt erweitern unser Bewusstsein und lassen uns die Bandbreite und den Funktionsreichtum unserer Persönlichkeit erkennen: „Höchstes Glück der Erdenkinder sei doch die Persönlichkeit", heißt es im „Buch Suleika" aus dem West-östlichen Divan von Johann Wolfgang von Goethe, der sich ebenfalls sowohl in der künstlerisch-philosophischen wie in der politischen Wirksamkeit erprobte und erfüllte.

Glück ist nach der Sicht der antiken Philosophen kein Geschenk des Zufalls oder der Götter, sondern es wird dem zuteil, der seine Fähigkeiten optimiert und nutzt. Dass das glückliche Leben zugleich ein gutes Leben sein muss und dass nur der ethisch verantwortlich Lebende, der das größere Ganze, auch die Polis, im Auge hat, dass dieser – unabhängig von Fortunas spezieller Gunst – glücklich zu nennen sei, war Konsens in der griechischen Philosophie. Zu verdanken hat sie dies vor allem dem oben schon erwähnten ethischen Vordenker Aristoteles, begründet in seiner *Nikomachischen Ethik*. Aristoteles' Glücksbegriff, die *eudaimonia*, wird im Deutschen oft einfach mit „Glückseligkeit" (englisch *happiness*) übersetzt, womit sie aber leicht auf einen nur psychischen Zustand verkürzt und missverstanden wird. Dabei ist die *eudaimonia*[117] für Aristoteles insofern das höchste aller Güter, als man sie durch Einsatz der ganzen Persönlichkeit, durch Handeln erreicht. Glück bedeutet hier nichts Geringeres als aktiv ein gutes Leben zu führen.

Auch die Stoa sieht das Glück des persönlichen Seelenfriedens mit der Einlösung ethischer Verantwortung eng verbunden und betont die Unabhängigkeit des Weisen von äußeren Glücks- oder Unglücksfällen. Epikur, der dem Menschen hingegen zubilligt, wie alle Lebewesen dem Lust- bzw. Unlustprinzip zu folgen, kennt dabei sehr wohl geringere wie umfassendere Freuden.[118] Das sprichwörtlich gewordene carpe diem – Nutze den Tag! – verdanken wir ihm, der angesichts der Begrenztheit des Lebens mit der Diesseitigkeit unseres Glücks wohl am frühesten ernst gemacht hat, indem er im Tod ein Ende sieht. Nach Epikur lehrt die Klugheit, der es zu folgen gilt, dass man nicht lustvoll leben kann, ohne gut und gerecht zu leben – und umgekehrt: nicht klug, gut und gerecht zu leben vermag, ohne lustvoll zu leben.

Schon für Aristoteles aber ist das Glück nicht etwas, das „dem Leben wie ein Mantel umgehängt oder wie ein Schmuckstück hinzugefügt würde", es ist nicht hinter, sondern in den Dingen, ist geerdetes, einverleibtes Glück. Es ist die Aktivität, die dem „menschlichen Gedeihen" dient. In Übereinstimmung mit dem sogenannten *daimonion*, der innersten Antriebskraft des Einzelnen, autonom und authentisch lebend, ist gutes Leben zu gewinnen, das gleichsam als Nebenprodukt Glücksmomente freisetzt. Es ist gerade nicht das Ergebnis einer unkontrollierten Jagd nach Glück.

Zugleich hat dieser volle Einsatz für das menschliche Gedeihen – auf welcher Ebene wir ihn auch leisten – Anteil an der Erfahrung des „Fließens", das jeder hingegebenen Arbeit eignet. Überraschenderweise gehört die Erfahrung des Flow, wie der ungarische Psychologe Csíkszentmihályi[119] es nennt, zu den stärksten Glückserfahrungen überhaupt: Er tritt ein, wenn es uns gelingt, eine Tätigkeit zu finden, die das Gehirn optimal auslastet, die herausfordert, aber nicht zu leicht und nicht zu schwer ist. Dann „fließt es", geht es uns wie von selbst von der Hand.

Den *Flow*, den Csíkszentmihályi meint, erfuhr zum Beispiel auch der Bestsellerautor Hans Konsalik bei seiner schriftstellerischen Arbeit. Er versenkte sich so in seine Personen und Handlungen, dass es für ihn keine Uhrzeit, kein Essen, nur Ruhe gab. Bis zu acht Stunden saß er an der Schreibmaschine, ehe eine glückliche Erschöpfung eine Pause erzwang. Das Ich gerate über einen solchen Flow in Vergessenheit, trete zugunsten der Konzentration auf die Aufgabe zurück, sagte er einmal in einem Zeitschrifteninterview. Selbstvergessen, ganz hingegeben an unser Tun sind wir, wenn „es fließt".

Woher kommen aber die guten Gefühle, wenn wir uns intensiv mit einer Sache befassen? Ich weiß es von mir selbst, es kann dabei ein so glückliches Gefühl aufkommen, als würde ich spielen. Ähnliches empfand ich als kreativ tätiges Kind. Die uns Menschen eingestiftete Kreativität wird wachgerufen, wenn wir einem Interesse, einer Aufgabe, die uns anregt, wirklich und hingegeben folgen.

Hirnphysiologisch gesehen kommt es bei diesem Erlebnis zur Ausschüttung von Dopamin, jenem Botenstoff, der die Aufmerksamkeit steuert und eine lustvolle Erregung hervorrufen kann. Dopamin wirkt unmittelbar auf die Neuronen im Stirnhirn, die für das Arbeitsgedächtnis zuständig sind, zugleich aber auch in dem Sinne, dass das Gehirn wichtige Informationen von Störungen zu unterscheiden weiß. Dopamin wirkt wie ein Gleitmittel für den Geist. Unter seinem Einfluss reagieren und denken wir schneller, bilden leichter Assoziationen und sind rundum kreativer.

Der paradoxe Befund lautet also: Gesteigerte Konzentration ermöglicht Höchstleistungen und ruft zugleich gute bis glückliche Gefühle hervor. Damit aber der angenehme Zustand dieses *Flow* einsetzte, müsse man sich anfangs oft etwas zur Aufmerksamkeit zwingen und bald zur eigentlichen Aufgabe zurückkehren, wenn die Gedanken abschweiften, meint Stefan Klein in seinem Buch zur „Glücksformel". Damit helfe man dem Gehirn, die Schwelle zu überschreiten, hinter der die Konzentration zum Selbstläufer wird. Wer hätte dies beim konzentrierten Lernen oder Schreiben nicht schon erlebt: dass es plötzlich großen Spaß machen kann, eben daran und darüber zu bleiben.

Auf solchen Erfahrungen mit erhöhter Aufmerksamkeit und Konzentration beruhen – wie könnte es anders sein – auch die Eingangsübungen zur Meditation, Zugangstechniken gleichsam, die dann in tiefe Ruhe einmünden können. Ob wir zu Beginn einer Zen-Meditation Atemzüge zählen, ob wir ein Mantra rezitieren oder im Herzensgebet der Ostkirche den Namen Jesu wiederholen, stets richten wir uns zunächst auf einen Fokus aus, konzentrieren uns intensiv. Damit ermöglichen wir zugleich unserem Gehirn, Dopamin freizusetzen. Dies wieder hindert die Gedanken, zu den Alltagssorgen abzuschweifen.

Unter einem freudig gestimmten Geist entspannt sich der Körper, lockern sich die Muskeln und transformiert sich die elektrische Hirntätigkeit zu einem ruhigeren Rhythmus, dem der sogenannten Alphawellen. Pulsfrequenz, Sauerstoffverbrauch und Blutdruck können sinken. Die Stresshormone im Blut verringern sich. So kann letztlich Ruhe einkehren, hochwillkommen bei den meisten der Meditierenden, die im Alltag gewöhnlich einer angestrengten Berufstätigkeit nachgehen. Meditation wird aber vor allem um ihrer selbst willen gesucht. Erfahrene Meditierende berichten darüber hinaus: Wer sich immer mehr versenkt, bleibt immer weniger auf sein begrenztes Ich beschränkt, ein Gefühl der Verbundenheit mit dem „Großen Ganzen", ja dem Universum kann sich in besonders glücklichen Momenten einstellen.

Der Mediziner Michael Baime, der an der Universität von Pennsylvania die Stressforschung leitet und zugleich seit dreißig

Jahren buddhistisch meditiert, berichtet von einem solchen Glücksmoment: „Es war eine Empfindung von Energie, die in mir ihr Zentrum hatte, in einen unendlichen Raum ausströmte und wieder zurückkam. Mein Geist entspannte sich, ich spürte instinktive Liebe, Klarheit und Freude. Die Verbundenheit mit allem in der Welt, die ich fühlte, war so tief, als wäre da nie eine Trennung gewesen."[120]

Hat also selbst eine solche mystische Glückserfahrung eine neuronale Grundlage und Entsprechung? Alles deutet darauf hin. Während die Schaltungen im Scheitellappen durch das Stillsitzen eher abgeschaltet sind und sich so die Raumorientierung auflösen und ins Grenzenlose öffnen kann, sind Teile des Stirnhirns, die die Aufmerksamkeit steuern, und auch der Großhirnrinde aktiv. Die Schläfenlappen dagegen gelten als „Torhüter des Bewusstseins": Wenn sie auf ungewöhnliche Weise stimuliert werden, erleben Menschen Gefühlsstürme, verbunden mit tiefen inneren Einsichten, die zwar als unbewusste, archetypische *pattern*, als anthropologische Konstanten in jedem Menschen bereitzuliegen scheinen, aber oft erst durch solche Stimulation ins Bewusstsein treten können.

Der Neuropsychologe Michael Persinger, der an der kanadischen Laurentian University arbeitet, machte Versuche mit einem elektromagnetischen Helm, der solche Bereiche stimulierte wie den linken Schläfenlappen, der bekanntlich dazu beiträgt, ein Gefühl für das Selbst zu erzeugen.[121] Dabei wurden auch symbolische Bilder des Selbst wahrnehmbar, Symbole eines umfassenden Selbsterlebens. Solche Selbstsymbole können aber, wie auch Carl Gustav Jung immer wieder bemerkt, bestimmten Gottessymbolen nahekommen, ja gleichen.[122] Dieser elektromagnetische Helm wurde deshalb metaphorisch als „Gotteshelm" bezeichnet, weil er dazu beitrug, entsprechende Vorstellungen und innere Bilder auszulösen.

Hat Meditation also von jeher dieselben Bereiche des Gehirns stimuliert, die auch jener Magnetstimulator jetzt künstlich anregt? Alles deutet auf eine neurophysiologische

Entsprechung hin, die nichts anderes meint, als dass meditative Erfahrung „reale" Auslöser im Gehirn hat und dort neue Spuren und Bahnungen hinterlässt. Sie findet im Körper, nicht außerhalb des Körpers statt und vermag sich im Gehirn zu inkarnieren. Wir Menschen sind hirnphysiologisch auf eine so hohe Erfüllungs- und Glückserfahrung hin angelegt, wie Meditation sie ermöglicht. Die Buddhisten bezeichnen dies dementsprechend als Möglichkeit einer „Erleuchtung".

Sogar diese Erfahrung beschränkt sich jedoch auf Augenblicke, die allerdings durch intensive Übung wiederholt werden können. Sie bringen einen Sinnhorizont ins Leben, der vieles verändert und ein Grundgefühl von Geborgenheit und eine freudige Zuversicht zu wecken vermag. Aus Glücksmomenten dieser Qualität kann sich schließlich ein Lebensgefühl zusammensetzen, das man „erfüllt" nennen darf. Eine gewisse Ich-Freiheit scheint dabei Voraussetzung zu sein bzw. erlebbar zu werden.

In der mystischen wie auch in der philosophischen Tradition gilt Glück als natürliche Zugabe eines gut gelebten Lebens. Glücksgefühle sind kein Zufall, sondern eine Folge von lebensgerechten Gedanken und Handlungen. In dieser Auffassung stimmt die antike Philosophie mit der spirituellen Tradition, vor allem der des Buddhismus, überein. So gilt es, gute Lebensgewohnheiten, die mit guten Gefühlen verbunden sind, immer stärker ins Bewusstsein zu heben und in unserem Alltag zu verankern, weil sie das Gehirn und damit unser Bewusstsein und unsere ganze Person zu formen vermögen. Solches praktiziert der darin Geübte und Ausgebildete auch als eine Form von Achtsamkeit.[123]

Die äußeren Umstände scheinen nicht so bestimmend für unsere Fähigkeit zum Glück zu sein, wie oft behauptet wird. Untersuchungen zeigen, dass es glückliche Menschen unter denen gibt, die in Armut leben, und selbst bei denen, die in körperlicher Behinderung, z. B. nach einer Querschnittslähmung, überleben müssen. So gilt es, auch bei der Möglichkeit und Notwendigkeit, widrige Umstände zu ändern, vor allem, sich selbst unter diesen Umständen neu zu programmieren. Eine dem Gelingen zugewandte und für Glücksmomente bereite Psyche wird fast instinktiv Situationen suchen, die erwartungsvoll und froh stimmen, und sie, wo sie auftauchen, wahrnehmen. Das eigentliche Geheimnis auf dem Weg zum Glück ist für den Dalai Lama Entschlossenheit, aber auch Ausdauer.[124] Und die Theologin Dorothee Sölle kann vor dem Hintergrund ihres hochengagierten Lebens sagen: „Glück ist mein Grundgefühl. Es trägt mich. Wie ein Wind, der mir Flügel wachsen lässt. Es ist immer schon da.“[125]

Wenn wir das Wort „Glück“ hören, fliegen die meisten von uns sofort auf die Frage nach der sinnenhaft erfüllten Liebe: Macht nicht vor allem sie glücklich? Gibt es Glück nicht vor allem in der Liebe?

Ohne jeden Zweifel: Auch nur verliebt zu sein, enthält wunderbare Momente der Freude, setzt Glücksmomente frei, trägt große Potenziale an Vorfreude in sich, allerdings auch an Angst und Aufgeregtheit. Zeiten der Verliebtheit sind auch Zeiten hohen Stresses, man kommt zu nichts anderem mehr. Und doch – was wären wir ohne sie? Dem wollen wir uns nun doch noch näher zuwenden.

Was bedeutete es allein schon, einander anzusehen in Liebe – was tun wir nicht alles dafür, in den Augen des oder der Geliebten gut auszusehen, schön zu sein! Und was bedeutet es, einander zu hören! Endlich wieder unsere Stimmen im direkten Gegenüber wahrzunehmen, ihren Klang, ihre Schwingung, und nicht mehr nur – wie so oft während der Distanzen wegen Corona – per Telefon oder Video! Was bedeutet es, einander „riechen“ zu können, symbolisch, vor allem aber wirklich: einander wahrzunehmen in unserer ureigenen Atmosphäre, unserem unverwechselbaren Duft, zu dem auch unser Haarwasser gehören kann. Was heißt es gar, einander zu schmecken, zu kosten!

*Wenn dir's in Kopf und Herzen schwirrt,*
*was willst du Bessres haben.*
*Wer nicht mehr liebt, wer nicht mehr irrt,*
*der lasse sich begraben.*

Und Johann Wolfgang von Goethe, von dem diese Zeilen stammen, wusste recht genau, wovon er sprach ...

Unerschöpflich sind die Wege und die Erfahrungen des Tastens, des Einander-Berührens! Alles, was mit erotischer, gar mit sexueller Anziehung verbunden ist, ist von der Natur, also durch unsere neurophysiologische Ausstattung mit höchster Attraktivität und mit der Möglichkeit zu höchsten Gefühls- und Glücksempfindungen verbunden, auch um uns hineinzulocken in die erotisch-sexuelle Begegnung, die die Erneuerung alles Lebens ermöglicht.

Von der Beziehungsfantasie über die Sehnsucht bis hin zu den Berührungen und Verschmelzungen der Körper ist alles mit Lust verbunden, wo immer die Chemie stimmt, wo immer man sich wirklich mag, liebt.

Glücksmomente sind es, *bliss*, wie die Amerikaner sagen, und sind unbezweifelbar mit jeder Liebesbeziehung verbunden. Aber zugleich kommt keine ohne Ambivalenz aus. Ist es deshalb so, weil Liebe verwundbar macht? Lasse ich doch keinen Menschen so nahe an mich heran wie diesen, den Geliebten, die Geliebte. Vor keinem lege ich meinen Schutz so sehr ab, werde ich so verletzbar, mache ich mich so sehr verwundbar. Nur wo ich berührbar und damit angreifbar werde durch den Schmerz, werde ich auch angreifbar durch das Glück. Ich öffne meine Tür zum anderen hin, bin aber darauf angewiesen, dass sie gelegentlich geschlossen werden kann. Dadurch entsteht die Ambivalenz innerhalb der Liebe und des Glücksgefühls in der Liebe.

Wenn sich also zwei Menschen in ihrer Verschiedenheit lieben, ist Auseinandersetzung nicht auszuschließen, und eine Bereitschaft zur Auseinandersetzung ist schon eine große Chance für mögliches Glück. Allerdings ist es jeweils schmerzhaft, nicht übereinzustimmen. „Dass ich ihn nie zum Anhören von

119

Jazz bekehren konnte", so sagte eine Frau etwas wehmütig über ihren Partner, jetzt aber doch auch wieder lachend. Und wenn man fragt, ob am Ende des Streites Verbundenheit oder Erschöpfung gestanden habe, kann sie aus ihrer Beziehung heraus nur sagen: Sie seien eben wie zwei Monde, die sich im Weltall treffen und anziehen, ohne zur Deckung zu kommen. Zum Geheimnis der Liebe gehöre, sich vielleicht gar nicht zur Deckung bringen zu wollen.

Was über Glücksmomente hinaus eine Partnerschaft trägt, ist dieses aus Glücksmomenten heraus gewachsene Zutrauen zueinander als Lebensgefühl, das Vertrauen darauf, dass die Berührung und damit die Glücksmomente sich immer wiederholen können. „Von dir erwarte ich nichts Böses", so könnten wir etwa zueinander sagen – und doch davon ausgehen, dass der andere, die andere ihren „Schatten" hat. Sich davon nicht verschrecken zu lassen, sondern damit zu rechnen, sogar mit dafür zu sorgen, dass der andere oder die andere nicht zu oft in diesen „Schatten" hineinläuft, hineinfällt, auch das ist Liebe.

Gibt es Glück in der Liebe? Ganz gewiss, und nicht nur auf dem Wirkungsfeld der Sinne, sondern vor allem dann, wenn zur Anziehung voneinander auch gemeinsame Interessen hinzukommen. So meint ein erfahrener Familienvater, dass z. B. Kinder einen Menschen produktiv von sich absehen ließen. Nur wenn man die Fähigkeit habe, von sich abzusehen, gemeinsam auf etwas anderes zu sehen, könne eine Liebe bestehen.

Daraufhin befragt, ob Glück für seine Liebesvorstellung eine große Rolle spiele, antwortet Fulbert Steffensky: „Es gibt Gewohnheiten, die glücklich machen. Die Regelmäßigkeit deines morgendlichen Kaffees, der mir zu schwach ist." Und er fährt fort: „Möglicherweise braucht das Glück Gewohnheiten. Vielleicht ist dann jeder Spül ein Liebesspiel! Ein Liebesspül! Ich glaube, man kann das Glück vertreiben, indem man es im Besonderen ansiedelt. Beim Tod deines Bruders sagte seine Frau: Wir haben immer das Glück des Alltags unterschätzt. Im Alter erkennt man dieses Glück besser."[126]

Ja, da gibt es das Glück des Alltags, der gegenseitigen Zuverlässigkeit, sogar der zuverlässigen Unzuverlässigkeiten, dieses umeinander Wissen, Einander-Umsorgen und Umsorgt-Werden. Erst wenn es fehlt, weiß man, wie viel Glück damit verbunden war. Gemeinsam vom Frühstückstisch auf die verschneiten Bäume hinausblicken, entdecken, dass die Vögel das ausgestreute Futter finden, gerade jetzt! Guter Dinge sein miteinander, eine CD auflegen, die solche Stimmung trifft und vertieft, eine Musik, die beide mögen ...

Andererseits sind Gewohnheiten Verfestigungen, sie schleifen ab und hindern am Staunen. Dadurch kommt oft die Frage auf, ob Menschen denn eigentlich darauf angelegt sind, ein Leben miteinander zu teilen. Braucht es nicht Abwechslung, um Glück immer neu erleben zu können? Gewiss, es braucht Abwechslung, damit es immer wieder schmeckt, das merken wir schon beim Kochen, beim „Abschmecken" eines Urlaubsprogramms. Viele meinen, das sei auch mit Partnern so. Und innerhalb einer Partnerschaft ist es gewiss so, dass sie Abwechslung braucht, dass alte Muster verlassen, neue entdeckt werden müssen. Wie Jürg Willi, der bekannte Paartherapeut aus Zürich, sagt: „Eine gute Ehe ist eine Kette von Scheidungen."[127] Wohlgemerkt: Er spricht von einer „guten Ehe" und meint mit dieser paradoxen Aussage, dass es in einer lebendigen Beziehung auf ständige Abschiede von alt gewordenen, überholten Verhaltensmustern ankommt, auf Neuentdeckung des anderen, um Anfänge möglich zu machen.

Aber wie ist es mit dem Partnerwechsel? Auch hier zeigt die Neurowissenschaft unerwartete Perspektiven. Keine Frage, wer ständig seine Geliebte wechselt, lebt aufregender. Lebt er aber glücklicher? Einige Beobachtungen deuten neuerdings darauf hin, dass Menschen wie auch einige andere Lebewesen, Schwäne zum Beispiel, für lang anhaltende Bindungen an einen Partner durchaus eingerichtet sind, vermittelt durch komplizierte Regelkreise im Gehirn. Schon eine bloße Berührung durch eine vertraute Person mindert bekanntlich Niedergeschlagenheit und Stress. Dauerhafte Liebesbeziehungen geben eine Geborgenheit, bei der die emotionale Zuwendung, die Unterstützung im Alltag eine wichtige Rolle spielt, eine Rolle, die gewiss auch ein Stück weit von guten Freunden übernommen werden kann.

Dauerhafte Beziehungen schaffen ein Stück Lebensgeschichte, die unverwechselbar und unaustauschbar ist. Ein Stück Geschichte, die wir voneinander kennen und die Identität schafft wie nichts anderes. „Kennst du mich?", ist die große Frage in aller Unsicherheit, in aller Verlassenheitsangst gestellt: „Und sie erkannten sich" – das ist in der Bibel ein anderes Wort für Liebe, gerade in der sexuellen Begegnung.

Am Anfang war Beziehung, die uns konstituiert. Wir existieren, wie Peter Levine[128] es ausdrückt, sozusagen im Akkusativ: Angesprochen, angehaucht, angesehen und gebraucht, erleben wir das Glück des Gesehenwerdens von einem geliebten Menschen, das Glück des Ganzseins.

Umfragen bestätigen, dass Menschen auch heute noch in Partnerschaften normalerweise glücklicher leben als allein (das schließt getrennte Wohnungen nicht aus). In den USA bezeichneten sich zwar fünfundzwanzig Prozent der Singles, aber vierzig Prozent derjenigen, die in festen Beziehungen leben, als zufrieden, ja glücklich mit ihrem Leben. Auch deutsche Statistiken wie die von 2022 zeigen, dass die in festen Beziehungen lebenden Menschen immer wieder erfüllte Begegnung erleben, dass sie weniger an körperlichen Störungen leiden als Singles und prozentual noch seltener an Depressionen und seelischen Störungen.[129] Natürlich muss dabei die Chemie stimmen, muss man sich wirklich mögen. Nach neueren Studien wirkt sich ein dauerhaft destruktiver Umgang in der Partnerschaft eben auch unmittelbar auf das Immunsystem aus. Gelegentlicher Zwist schadet nicht, aber wenn sich die Sympathiegefühle nicht wiederherstellen lassen, ist dies auf körperlicher Ebene so schädlich, dass man erwägen sollte, sich zu trennen. Selbst wenn die Trennung von einer langjährigen Partnerin, einem Partner zunächst meist als Niederlage empfunden wird, ist es doch möglich, dass eine solche Erfahrung letztlich durchlässiger macht für den Geschmack am Leben, bescheidener und sensibler für die Wahrnehmung von Glückserfahrungen, dankbarer für erlebbares Glück. Sollte ein Mensch nicht wieder staunen lernen können, wieder Glück empfinden, selbst nach Trennung, Scheidung, nach dem Tod des Partners? Betroffen und getroffen vom Glück sind vielleicht sogar nur diejenigen, die auch vom Leid betroffen, getroffen, die also berührbar und verwundbar geworden sind. Liebe zieht uns die Rüstungen aus. Wir werden verwundbarer, wo wir lieben. „Gib mir die Gabe der Tränen, Gott, gib mir die Gabe der Sprache"[130], so schreibt Dorothee Sölle in einem Gedicht, das zugleich ein Gebet ist. Sie bittet darin gleichsam um Berührbarkeit und weiß, dass erst darin auch Sprache für Schmerz und Glücksempfindungen entsteht.

Eine einzigartige lebenslange Verbundenheit schildert uns das Vermächtnis, das sich Irvin D. Yalom und seine Frau Marilyn Yalom in ihrem Buch *Unzertrennlich* geschenkt haben, in dem sie gemeinsam bzw. abwechselnd die letzte Zeit vor und im unaufhaltsamen Sterbeprozess von Marilyn schildern: ihrer Verbundenheit in Liebe und in einem lebenslangen gemeinsamen geistigen Schaffen, das die Verbundenheit noch um einen nicht mehr messbaren Faktor erhöhte.[131]

So sehnt sich eine meiner Freundinnen, die jetzt sehr viel geschützter lebt, nach der politisch hoch engagierten Zeit in Chile zurück, die sie seinerzeit mit ihrem Partner samt einer Verhaftung durchlebt hat. Doch das gemeinsame Erleben, das Engagiertsein und das Berührtsein empfindet sie als eine Form von Glück, die sie heute fast vermisst.

Wenn nun aber das Unglück zugeschlagen hat, auch Einsamkeit und Verlassenheit, vielleicht nach einer Trennung, so gibt es allemal noch die Regel des Thomas von Aquin – man beachte dabei die Reihenfolge! – nämlich: baden, weinen und beten. Unter allen Umständen besteht die Möglichkeit, sich selbst eine gewisse Zuwendung zu erweisen, sich selbst ein guter Partner zu sein, eine sorgende Partnerin. Selbst nach den schlimmsten Schicksalsschlägen kann man ein Bad nehmen, saunen, zu einer Massage gehen. Man kann sich erst einmal ausweinen und schließlich ein Gebet wagen.

Oft ist es zudem wohltuend, Musik zu hören oder selbst einmal wieder ein Instrument in die Hand zu nehmen, das man früher spielte. Eine meiner Kolleginnen lernte nach einer schweren Beziehungskrise Querflöte. Neurophysiologisch ist dazu zu sagen: All diese Wohltaten, die man sich erweisen kann, führen zur Freistellung von Opioiden, die unangenehme Spannungen und Verlassenheitsgefühle abzubauen vermögen, also zur Freisetzung von natürlichen, körpereigenen Glücksdrogen. Überdies steigern die natürlichen eigenen Glückssubstanzen die soziale Aktivität, regen dazu an, neue Kontakte aufzunehmen, während Opiate, in hohen Dosen genommen, das Bedürfnis nach Kontakt geradezu vermindern und blockieren können, da das Bedürfnis nach der Droge und den speziellen Erfahrungen mit ihr phasenweise zwingender werden kann als das Bedürfnis nach Beziehung.

Intensive Begegnungs- und Beziehungserfahrungen, wie sie schon beim Tanzen miteinander erfahren werden können, bleiben zudem jeder Droge überlegen! Der Tanz als solcher setzt so viel körpereigenes Dopamin, so viel Glücksdrogen frei, dass man Ecstasy und Co. getrost absetzen kann oder gar nicht erst nutzen muss. Die Glücksgefühle werden allein durch die Körperbewegung und das freudige Erlebnis des körperlichen Zusammenspiels ausgelöst.

Wann also sind wir glücklich? Oft pflegt Glück mit Selbstvergessenheit einherzugehen. „Denn um es endlich einmal herauszusagen: der Mensch spielt nur, wo er in voller Bedeutung des Wortes Mensch ist und er ist nur dort ganz Mensch, wo er spielt"[132], so die Einsicht Friedrich Schillers. Von mir selbst muss ich sagen, dass ich recht glücklich bin, wenn ich in einer intensiven, selbstvergessenen Tätigkeit ganz aufgehe. Das kann

Schreiben sein, das Vorbereiten eines Vortrags, ja sogar die Freude, an einer großen Tagung mitzuwirken. Meinen Freunden verrate ich manchmal mein Gefühl dabei: „Jetzt ist es wieder wie spielen, jetzt fühlt es sich wieder so an." So hingegeben spielen konnte ich als Kind allein im Sand, später auch in einer Kindergruppe. So hingegeben konnte ich malen, Städte bauen im Gelände, Ski laufen, konzentriert, angestrengt, glücklich zugleich. Und so erleben es auch andere in allen schöpferischen Tätigkeiten.

Ein letztes Mal gefragt: Wie wichtig sind beim Glücklichsein eigentlich die Lebensumstände? So oft schützen wir uns gleichsam vor dem Glück, indem wir die widrigen Umstände anführen. Dazu eine Stelle aus einem Brief: „Da liege ich still allein, gewickelt in diese vielfachen schwarzen Tücher der Finsternis, Langeweile, Unfreiheit des Winters – und dabei klopft mein Herz von einer unbekannten, unbegreiflichen inneren Freude, wie wenn ich in strahlendem Sonnenschein über eine blühende Wiese gehen würde."

Man sieht dem Text nicht an, wo er geschrieben worden ist. In einem Gefängnis, einem Internierungslager nämlich, wo die Schreiberin schon drei Jahre festgehalten wird, war sie doch eine Vorkämpferin des Pazifismus im Ersten Weltkrieg, als diese Haltung noch als Vaterlandsverrat galt. Der Brief stammt von Rosa Luxemburg. Die Langeweile, die Schikanen, die Ungewissheit über die Zukunft können ihr in diesem Moment wie auch in vielen anderen Zeiten nichts anhaben. Da gibt es etwas in ihr, das sich darüber erhebt. Ihre besondere Gabe, sich zu freuen, verdankt sie ihrer intensiven Wahrnehmung, ihrer Konzentration auf das, was gute Gefühle auslösen kann. In einem anderen Brief sind es die Düfte des Sommers, das Rascheln der Blätter, die Vogelrufe, die sie selbst im Lager erreichen. Viel mehr und über alles andere hinaus aber ist es ihre Überzeugung, für eine größere Sache, den Frieden, inhaftiert zu sein, was ihr eine starke Sinnerfahrung selbst unter diesen quälenden Umständen gibt und damit die Fähigkeit, Ängste und Leiden an sich abprallen zu lassen. So schreibt sie: „Ich glaube, das Geheimnis ist nichts anderes als das Leben selbst."[133]

Sich mit Menschen, mit Dingen, mit Zusammenhängen zu beschäftigen, die über uns selbst hinausweisen, durchbricht den Kreislauf der dunklen Gedanken und Gefühle. So ausgestattet, vergisst ein erfüllter Mensch, wie Rosa Luxemburg es war, seine Lage und sich selbst, vermag er ganz aufzugehen in dem, was er tut, und empfindet in dem wichtigsten aller Hochgefühle, am Leben selbst teilzuhaben. Dazu gehört für uns alle ein Mittragen an dem, was das Leben selbst trägt: Einzustehen für Wiedergewinnung des Friedens, für eine Rettung unserer Erde, kann hierfür Engagierte – wie die „Klima-Jugend" beweist – über alle Sorge hinaus auch mit Begeisterung erfüllen.

Alle Erfahrung von erfüllten Momenten und von Glück im Leben findet dann eine Verwurzelung im Menschen, wenn sie in ein Gefühl der Dankbarkeit mündet, das über den glücklichen Augenblick hinausreicht und sich zu einem Lebensgefühl der Dankbarkeit verdichtet, einem Dank für das Lebendigsein, für das Leben selbst.

Dankbarkeit als tragender Impuls für ein gelingendes Leben bringt uns beispielhaft David Steindl-Rast OSB, der international bekannte österreichische Autor, nahe, der in seinem Werk und in seiner Lebenspraxis die befreiende Kraft und Energie der Dankbarkeit vermittelt. Er hat weltweit einen Kreis von Menschen aus unterschiedlichen Kulturen und Religionen inspiriert, die sich um den Impuls zur Dankbarkeit versammeln und ihn weitertragen – als Basis für ein glückendes Leben.[134]

# Exkurs: Zur Glücksforschung und den Fragen nach Achtsamkeit und Sinn

Die forschende Frage nach den Bedingungen für ein glückendes Leben, die seit den Anfängen des neuen Jahrtausends, in denen auch dieses Buch in erster Auflage erschien, virulent wurde, hat sich seitdem zu einer Glücksforschung verdichtet, die vor allem in Richtung der positiven Psychologie, aber weit darüber hinaus in der Öffentlichkeit und in den Medien ein breites Echo fand. Sie tritt mit einem humanistischen Anspruch auf, der weit über die Fachfragen der Psychologie hinausweist. Vielmehr möchte sie zu einer Maximierung des Glückserlebens in der Gesellschaft beitragen und wurde in diesem Sinn schon um 1980 in soziologische Fragestellungen eingebracht.

Für den Soziologen Gerhard Schulze[135] gehört die Glücksforschung bereits zu den zentralen Themen seines Faches, wobei er zwei Formen von Glück unterscheidet: Die eine Form besteht in einer Befreiung, der Freiheit von Not und Mangel, die andere in einer Wahrnehmung der Schönheit des Lebens als solchem, in der und für die man selbst lebt.

Es bildeten sich im letzten Jahrzehnt mehrere Disziplinen der Glücksforschung heraus, angefangen bei der philosophischen, die auch heute wieder auf die Gewinnung von Eudämonie, von Glückseligkeit im Sinne Aristoteles hinausläuft. Glück beruht hier vor allem auf der Einlösung und Erfüllung der Anlagen und Fähigkeiten, dem Daimonion, das dem Einzelnen jeweils mitgegeben und aufgegeben ist und das ein jeder mit seinem Leben einzulösen vermag.

Daneben entwickelt sich eine physiologische, neurowissenschaftliche Dimension der Glücksforschung, die auch die körperlichen Voraussetzungen für ein gelingendes Leben bis in die Möglichkeiten des Gehirns hinein untersucht. Eines der Ergebnisse dieser Untersuchung ist z. B., dass eine stärkere Aktivierung des linken präfrontalen Kortex (PEC) das subjektive Wohlbefinden deutlich zu erhöhen vermag. Die Forschung fragt danach, wodurch solche Aktivierung bewirkt werden kann.

In der psychologischen Dimension der Glücksforschung wiederum erweist sich „Glück als eine Nebenwirkung gelingenden Lebens", so Eckart von Hirschhausen in seinem Beitrag „Was uns glücklich macht"[136]. Primär ist also auch hier die Frage nach dem, was ein Leben als gelingend erfahren und empfinden lässt.

Die ökonomische Dimension des Glücks wird z. B. von Prof. Michael Hüther, dem Wirtschaftswissenschaftler, diskutiert, indem er das Wertesystem für Glück durch die Erfahrungen der Coronazeit verändert sieht: Nach dem Ergebnis seiner Studien wollten nun viele nicht mehr so häufig reisen, aber auch nicht mehr so ununterbrochen arbeiten wie bis jetzt, sondern z. B. viel mehr Zeit mit den Kindern und Partnern verbringen. Beziehungswerte also scheinen uns dem Glück näher zu bringen als Erfolge bei der Arbeit.

Hier gehen die Fragestellungen der ökonomischen und sozialwissenschaftlichen Glücksforschung ineinander über. Die soziologische Glücksforschung geht von Befragungen aus, z. B. unter welchen gesellschaftlichen Bedingungen sich Menschen mehr oder weniger glücklich fühlen. Hier werden Glücksindikatoren ermittelt im Blick auf eine mögliche günstigere Gestaltung gesellschaftlicher Bedingungen und Strukturen. Das Münchener Institut für Glücksforschung (IFG) zeigt solche Glücksindikatoren an im Blick darauf, wie man den Alltag wirklich glücklicher gestalten und auf Dauer glücklich bleiben könne.

Besonders anschaulich hat Ulrike Bossmann unter der Perspektive praktizierender Psychologie die Glücksindikatoren aufgewiesen. Sie spricht dabei in ihrem Internetbeitrag über *Zehn spannende Studien aus der Glücksforschung* ihre Leser direkt an, die sie sich wohl als Praktizierende auf diesem Feld vorstellt.[137] Die von Fachleuten erstellten zehn Studien belegen als Grundlagen für die Glückserfahrung eine enge Verbundenheit des Menschen mit der Natur und mit den Mitmenschen, dazu ein immer neues Zulassen von Dankbarkeit wie von Hoffnung, darüber hinaus die Fähigkeit, sich selbst und anderen unsere Fehleinstellungen und Fehlhandlungen verzeihen zu können. Eine auf Glück bezogene Einstellung begünstige das Erleben von Erfolg, während Erfolg allein als solcher noch nicht Glück bedeute.

Es läuft bei diesen Studien zur Glücksforschung alles darauf hinaus, was auch als das „Perma-Modell" der positiven Psychologie gelten darf: Erkenne und nutze deine Stärken, dann machst du mehr Zielfortschritte und dadurch werden auch deine psychischen Bedürfnisse befriedigt.

Auch wenn die beschriebene Glücksforschung in ihren Grundzügen noch weiter fortgesetzt wird, hat sich während des letzten Jahrzehnts darüber hinaus eine weiträumiger angelegte Forschung um die Bedingungen eines gelingenden Lebens entwickelt. Hier liegen die Schwerpunkte auf Lebensfreude und vor allem Dankbarkeit, wie sie z. B. das Werk und das Wirken des schon erwähnten österreichischen Autors David Steindl-Rast zum Gegenstand hat.

Eine noch breitere Strömung widmet sich in letzter Zeit der Frage nach dem Lebenssinn. Durch Prof. Tatjana Schnell wird die entsprechende Forschung vor allem im Rahmen der Universität Innsbruck vorangetrieben und strahlt von dorther aus.[138]

In den letzten Jahren entwickelte sich im Blick auf Sinnfragen in der Psychologie zugleich ein Boom des Begriffs oder der Haltung der Achtsamkeit. Doch was ist eigentlich damit gemeint? Achtsamkeit oder auch *Mindfullness*, ein Begriff aus der buddhistischen Meditation, bedeutet, jeweils das Jetzt in seinem Erfahrungspotenzial bewusst wahrzunehmen. Damit richtet sich das Augenmerk auf die Funktion der Sinne bei dieser Aufgabe. Es ist anfangs nicht leicht, Achtsamkeit zu üben und zu vollziehen, denn man tendiert dazu, abzuschweifen. Gerade aber, wenn Gedanken uns überbesetzen oder Ängste uns nicht loslassen wollen, kann eine Übung der Achtsamkeit, ein Achtsamkeitstraining uns dabei helfen, zur Ruhe zurückzufinden.

Zum Einstieg eignet sich immer wieder die Übung achtsamen Atmens, also eine Art Atemmeditation, oder auch eine Gehmeditation, möglicherweise sogar eine Meditation des Schmeckens und Kostens, indem man in aller Sorgsamkeit eine Rosine verzehrt. Solche Achtsamkeitsübungen kann man gut in den Alltag integrieren, z. B. in Zeiten des Wartens, des Anstehens, des Abwaschens eingebracht und angewandt werden. Dadurch werden die entsprechenden Zeiten wieder zu „meiner Zeit", zu „unserer Zeit".

Auch wenn das Prinzip der Achtsamkeit fraglos auf Meditationsübungen zurückgeht, die dem Buddhismus, dem Zen entstammen, können sie als solche unabhängig von diesem Hintergrund als Aufmerksamkeitsübungen in unsere westliche Lebenspraxis überführt werden, die oft von Zeitdruck, aber auch von zeitlichem Leerlauf geprägt und überformt ist. Hier geht es um eine bewusste Zuwendung zum Augenblick und zu dem, was ich in ihm mit allen Sinnen erfahre: im Gehen, im Liegen, im Atmen, im Fühlen, Tasten und Schmecken.

Schon Ende der 1960er-Jahre hatte Jon Kabat Zinn entdeckt, welche Potenziale zunächst einmal für alle Arten der Stressbewältigung darin enthalten sind, wenn man in diesem Sinn Achtsamkeit übt[139]. Gegen Ende der 1990er-Jahre wurde diese Übung auch zur Behandlung von Depressionen eingesetzt, und es erwies sich, dass sich vor allem die Rückfallquote nach Depressionen durch Achtsamkeit spürbar verringert. Gelegentlich wurde Achtsamkeit ebenfalls zur Behandlung von Borderline-Störungen eingesetzt.

Sie kann aber vor allem helfen, das unerwünschte Gedankenwandern auszuhalten und zu akzeptieren, denn gewisse belastende Gedanken dürfen nicht verdrängt, sondern müssen angenommen werden, um die damit umkreisten Probleme erfassen zu können. Gerade Grübeln und Ruminieren, wie es bei starkem Stress oder bei Depression vorkommt, kann nach den bisherigen Erfahrungen durch Achtsamkeitsübungen gut aufgefangen werden.

Als Therapeutin sollte man allerdings – so wird hier empfohlen – auf jeden Fall selbst Achtsamkeitsübungen erprobt und sie in den Alltag überführt haben, ehe man sie Patienten empfiehlt. Achtsamkeit ist nämlich entscheidend mehr als nur eine Entspannungsübung.

Als der Klassiker in der Sinneswahrnehmung gilt im Rahmen der sogenannten Achtsamkeitswelle das Buch zur Studie von Charles V. W. Brooks: *Erleben durch die Sinne*.[140] Zuvor hatte schon Fritz Perls zusammen mit Charlotte Selver und Elsa Gindler den Begriff sensory awareness geprägt und als „angewandtes Zen" beschrieben. Charles W. Brooks aber stellt nun seine Methode der sensory awareness vor, mit der man die vielfach vernachlässigte und abgestumpfte sinnenhafte Erfahrung und die verbreitete Entfremdung vom eigenen Leib anzugehen vermöge. Es geht ihm vor allem um grundlegende Funktionen wie Sitzen, Gehen, Stehen, Liegen, Atmen, dazu Schmecken, Gähnen, Greifen – all das, was eigentlich die zweite Natur des Menschen bedeutet – oder nicht eigentlich seine erste Natur ist?

Die ursprüngliche aus dem Geist des Buddhismus stammende Vorstellung einer Übung der Achtsamkeit hat also die Erforschung von Sinn- und Lebensfreude in Europa deutlich belebt. Die Sinne gelten hier als Tor zur Achtsamkeit.

Achtsamkeit und Meditation werden also seit einigen Jahren in Europa von Psychologie und Neuropsychologie beforscht und im täglichen Leben angewandt. Was daran auch für die Öffentlichkeit und die Medien interessant ist, ist die Erkenntnis, dass Achtsamkeitspraxis auf das Gehirn wirkt und es verändert. Es führt zu mehr Resilienz und bewussterer Lebensführung.

# HEILEN:
## Geschmack am Leben wiedergewinnen

Gibt es einen Wert, den ich aus therapeutischer Sicht meinen Patienten vor allem anderen wünsche? Den „Geschmack am guten Leben" wiederzugewinnen, ihn zu entwickeln und zu pflegen, das ist für mich der Wunschwert – und auch und gerade für eine gelingende Psychotherapie.

Im körperlichen Erleben gibt es das ebenfalls: den Geschmackssinn zu verlieren und wiederzugewinnen, wie ich es bei jener Freundin miterleben musste, die während einer schweren Coronainfektion den realen Geschmackssinn gänzlich verloren hatte. Es zeigte mir, dass dieser Sinn mit dem Geschmack am Leben überhaupt eng zusammenhängen kann. Da die betroffene Frau eine Feinschmeckerin und gewiefte Köchin ist, war dies ein echter Schicksalsschlag für sie. Aber als es ihr schließlich doch gelang, ihren Geschmackssinn durch sorgsames Training und heilsame Essenzen wiederzugewinnen, schmeckte ihr nun das ganze Leben wieder wie neu geschenkt.

Der Geschmackssinn für das Leben hängt engstens mit dem Gebrauch unserer fünf Sinne zusammen und kann, wenn er gestört oder verstört worden ist, grundsätzlich über Wahrnehmungen durch diese Kanäle wiedergewonnen werden. Aus solchen Basiserfahrungen und ihrer bewussten Verarbeitung kann sich der Qualitätssinn für das Leben erneut herausbilden. Über die Sinne, die mit unserem Gehirn vernetzt sind, vermögen wir verarbeitend und denkend überhaupt zu einem Sinn des Lebens vorzudringen, der alle Einzelwahrnehmungen qualitativ übersteigt und zu dem Wert unseres Daseins wird, den wir bejahen.

Geschmack am Leben zu haben bezieht sich keineswegs nur auf elementare Sinneswahrnehmungen, ist vielmehr – von ihnen ausgehend, da sie Gefühle auslösen – auf all das übertragbar, was am Leben lebenswert erscheint, und damit auch auf das, was Zielwert für die Psychotherapie sein muss.

Im Blick auf therapeutisches Handeln bedeutet dies: Psychotherapie lässt spüren, was mit „gutem Leben" gemeint ist, sie lehrt dies nicht mit Worten und Grundsätzen. Sie ist nicht Philosophie und nicht Moral. Die Werte der Psychotherapie sind implizit, nicht explizit. Was nicht ausschließt, sondern einschließt, dass sie zentrale menschliche Werte enthält, die sie jedoch nicht predigt, sondern erfahrbar macht. Wie aber?

Die Ehrfurcht vor der Innenwelt vermittelte mir meine erste Lehrtherapeutin alleine schon dadurch, dass sie eine Haltung der Achtung und der Achtsamkeit annahm und sich im Stuhl aufrichtete, wenn ich einen Traum erzählte oder ein imaginativ gemaltes Bild vorlegte als Botschaften aus der inneren Welt. Was nicht ausschloss, dass wir über die gelegentlich urkomischen und wunderlichen Ausdrucksweisen des Unbewussten auch lachen konnten – wenn ich mich z. B. in meinem Initialtraum auf Rollschuhen in die geheiligten Hallen der Staatsbibliothek einfahren sah. Dadurch bekam ich nach anfänglicher Verblüffung allmählich selbst Respekt vor diesen Botschaften aus der inneren Welt.

Fangen wir also bei einer Form der Tiefenpsychologie und damit bei der Psychotherapie nach Carl Gustav Jung an, in der ich mich am besten auskenne. Welche Werte werden durch sie vermittelt? Es sind eben die, die mit dem Menschenbild, das hinter der Jung'schen Psychologie steht, zusammenhängen. An dieser Stelle will ich vor allem die Werte der Tiefenpsychologie nennen, die zugleich in der Lebenswelt von heute besonders wichtig zu werden scheinen.

Es ist dies die Achtung vor der Innenwelt, dem mir Bewussten, aber darüber hinaus vor dem sogenannten Unbewussten des Menschen, das bis in die Tiefen einer „Tierseele" und bis in die Höhen einer „Engelsseele" reicht, wenn ich es einmal bildhaft so nennen darf, von basalen Sinneswahrnehmungen also bis in einen Transzendenzbezug hinein. Das schließt letztlich alle Heilungsmöglichkeiten ein als Ergänzungen der jeweils bewussten, vielleicht einseitigen Einstellung, die eben auch krank gemacht hat. Durch Kontakt mit der Innenwelt gewinnt der Mensch wieder Kontakt zu seinen Wurzeln im persönlichen wie im überpersönlichen Bereich. Wurzeln sind in einer Zeit, die erhöhte Flexibilität und Mobilität von ihm fordert, lebensnotwendig. Er gewinnt Kontakt zu den inneren Bildern und über die Bilder zu den Energien, für die sie stehen. Die Wurzeln bringen zudem in Kontakt mit den Quellen, den Ressourcen menschlichen Seins.

So wäre es einseitig, wenn nicht kurzsichtig, die Vernetzung unserer Innenwelt mit den Wahrnehmungskanälen aus der Sinnenwelt zu übersehen, beides gar gegeneinander auszuspielen, was manchmal bei einer einseitigen Sichtweise geschieht, wenn man die Zugänge über die Sinnenwelt mit einer ausschließlich extravertierten Einstellung verwechselt. Dabei können sich die Wahrnehmungen der Sinnenwelt gerade mit einer introvertierten Einstellung verbinden und so auf ihre Bedeutung für das Sinnerleben des ganzen Menschen hin verstanden werden. Sie verbinden sich – auch hirnphysiologisch gesehen – sofort mit unseren Gefühlen und werden damit zur Innenwelt, werden in unsere innere Welt einbezogen, treffen dort mit unserer Intuition wie mit unserem Denken zusammen.

Bei dem Versuch, innere Bilder zu imaginieren, worauf ein wichtiger tiefenpsychologischer Zugang zu unserer Innenwelt beruht, stellen wir fest, dass uns dies umso besser gelingt, je aufmerksamer wir die Wahrnehmung unserer Sinneserfahrungen geschult haben und üben.[141] Wenn jemand mir sagt, gar nicht imaginieren zu können, dann schlage ich vor, er solle doch wieder einmal hinaus auf einen Markt mit seinen Geräuschen, seinen Farben, seinen Düften gehen und versuchen, dies alles genau wahrzunehmen. Die Wahrnehmung der Außenwelt geschieht ohnehin innen, durch komplizierte Verknüpfungs- und Verarbeitungsvorgänge in unserem Gehirn.

Die Vernetzung zwischen Außen- und Innenwelt ist so dicht, dass sogar bei der inneren Vorstellung eines Marktes bereits jene Areale unseres Gehirns „anspringen", die auch durch Reize der Außenwelt affiziert werden würden. Alle unsere Sinneseindrücke werden, wie wir wissen, über die Vorstellungsmuster unseres Gehirns verarbeitet und insofern auch zu Anteilen unserer Innenwelt. Imaginationen entstehen aus so komplexen inneren Wahrnehmungsspeichern, dass sich daran Beziehungsmuster erkennen, sogar verändern lassen, wo es wünschenswert erscheint – und dies oft noch wirksamer als allein durch das gesprochene Wort.

Das erfordert vom Therapeuten einen wachsenden Respekt vor den Entwicklungsmöglichkeiten und der Kreativität eines jeden Menschen durch alle Lebensspannen hindurch, sodass die therapeutische Begleitung alle Zeugnisse aus dessen Innenwelt wie Träume, Imaginationen und gestaltete Bilder sorgfältig wahrnimmt, aufnimmt und sie vor allem prospektiv, also nach vorne weisend, auf Entwicklungsmöglichkeiten hin, deutet.[142]

Die Jung'sche Psychologie und Psychotherapie sieht den Menschen grundsätzlich als ein schöpferisches Wesen, für das es darauf ankommt, Gestalter und Gestalterin seiner selbst zu werden und damit aus einer passiven Opferrolle innerhalb des eigenen Lebens wieder herausfinden zu können und zum Mitschöpfer seiner Welt zu werden.[143]

Dazu hilft nichts so wirksam wie Kreativität, deren Weckung in der Therapie einen hohen Stellenwert einnimmt, und sei es zunächst jeweils zu einem inneren Probehandeln durch Imagination, ergänzt durch gestaltendes Malen[144] oder auch durch spielerisches Gestalten ganzer Lebenslandschaften in Sand und Lehm[145], in das alle Sinne einbezogen werden. Diese Formen gestaltender Therapie sind in besonderer Weise mit dem Sinn für Berührung und dem Sinn für das Sehen und das Wahrnehmen von Formungen und Figurationen verbunden.

Hier setzen auch die kreativen Therapien anderer Schulen an, von einer grundlegenden Kunsttherapie[146] bis hin zu einer

Musiktherapie[147] oder einer Tanztherapie[148], die den ganzen Körper in seinem Bewegungs- und Berührungsreichtum einbeziehen kann. Zu nennen wären aber auch alle übrigen Therapieformen, die von der Erfahrung der fünf Sinne ausgehen und diese ständig miteinbeziehen, wie Atemtherapie, konzentrative Bewegungstherapie, Feldenkrais-Methode und viele andere.[149]

Sich selbst als kreativen Menschen, als selbst Gestaltenden zu entdecken und zu verstehen, ist unerlässlich angesichts einer Berufs- und Wirtschaftsentwicklung, wie wir sie derzeit beobachten, in der es kaum mehr die Sicherheit eines Lebensberufs geben wird. Ein Wirtschaftsberater, mit dem ich therapeutisch arbeite, bannt seine Ängste vor der Unsicherheit seiner Position nur durch die innere Rückversicherung, schließlich ein kreativer Mensch zu sein und somit in neuen Situationen immer wieder kreativ werden zu können. Kreativität vermitteln wir als Schlüsselqualifikation für ein gelingendes Leben.

Charakteristisch für die Jung'sche Psychotherapie ist darüber hinaus ihr zentraler Respekt vor der inneren Bestimmung einer jeden Person, dem „Selbst", wie C. G. Jung es nennt[150], das sich bei jedem Menschen, allen Hindernissen zum Trotz, in einem einzigartigen persönlichen Entwicklungsprozess, einem „Individuationsprozess", wie wir ihn nennen, auszugestalten vermag. Durch Beachtung der Tag- und Nachtträume, der Fantasien und der Imaginationen des Betreffenden lässt sich dieser Individuationsprozess erschließen und fördern. Die Einzigartigkeit einer jeden Person, ihr „Geheimnisstand"[151], lässt sich nur in der personalen Begegnung erkennen; hier helfen weder technische noch therapeutische Tricks. Der Wert der Person ist unaufgebbar, und dies mehr denn je in einer Berufs- und Wirtschaftswelt, die allenthalben die Austauschbarkeit des einzelnen Menschen praktiziert und erfahrbar macht.

Es gilt, sich der Frage zu stellen: Wer bin ich eigentlich, selbst dann, wenn ich gerade einmal „nichts" bin – arbeitslos, wegrationalisiert, zu jung, zu alt, behindert, zu teuer, mit der falschen Ausbildung? Wer bin ich, abgesehen von alledem, was als so unentbehrlich gilt?

Aus dem Respekt vor der Person jedes Einzelnen erwächst letztlich der hohe Stellenwert der therapeutischen Beziehung als ein Modell- und Lernfeld für Bezogenheit überhaupt. Darin geht es nicht nur um Übertragung und Gegenübertragung, sondern darum, zu erfahren, wie echte Bezogenheit aufeinander „schmeckt" und dadurch an all dem Geschmack zu finden, was zum Schmecken des Lebens dazugehört. Hier geschieht die grundlegende Vermittlung zwischen Innen- und Außenwelt. Hierher gehört die Aussage von Jung: „Die Beziehung zum Selbst ist zugleich eine Beziehung zum Mitmenschen."[152]

Bei dieser Begegnung spielt die sinnenhafte Wahrnehmung zwischen TherapeutIn und PatientIn eine erhebliche Rolle, die bis hin zu äußerer Erscheinung, auch in Kleidung und Frisur, nicht völlig übergangen werden sollte, vor allem dann nicht, wenn sich im Blick hierauf von einer Begegnung zur anderen zwischen PatientIn und TherapeutIn plötzlich etwas deutlich verändert hätte[153], gibt es doch immer eine Entsprechung zwischen Wahrnehmung der Außen- und der Innenwelt.

Die therapeutische Beziehung lässt sich nur herstellen, nicht postulieren, nicht predigen. Hier geht es für Patient und Patientin elementar um Gesehen- und Gehört-Werden, um Wahrgenommen- und Angenommen-Werden in Wort und Blick, in Gestik und Mimik. Wer diese Art von Bezogenheit je erlebt hat, ob als Patientin oder als therapeutisches Gegenüber, weiß, welche Werte der Vertrauensbildung, des gegenseitigen Gebens und Nehmens, der Geduld, der gegenseitigen Akzeptanz und Toleranz, des gegenseitigen Sich-Annehmens und Voneinander-Abgrenzens, ja, des gegenseitigen Verzeihens in dieser Beziehung enthalten sind. Denn es ist nicht so, dass ich als Therapeutin Bezogenheit ununterbrochen und ohne jeden Fehler vermitteln könnte. Auch ich überhöre etwas, missverstehe etwas, vergesse etwas, verschiebe meine Termine und verlasse meine Patienten, indem ich zur „Unzeit" Urlaub mache. Es ist, wie man so schön sagt, „wie im wirklichen Leben". Und so soll es wohl auch sein, denn es soll einen Zugang zum wirklichen Leben öffnen.

In einem geht die therapeutische Beziehung allerdings über die sonstigen Beziehungsebenen hinaus, und hier verlangt sie das äußerste Verantwortungsbewusstsein des Therapeuten wie auch das verstehende Einwilligen und Mitgehen des Patienten: Es geht um modellhaftes, heilendes Handeln, das ganz im Dienst des Heilungssuchenden und der heilenden Kräfte steht, ein modellhaftes Handeln zwischen Mensch und Mitmensch und allem, was dies an Beziehungswerten einschließt. Hier haben ungestillte eigene Kontaktbedürfnisse, narzisstische Kompensations- und Selbstbestätigungswünsche seitens des Therapeuten oder der Therapeutin nichts zu suchen, hier stehen sie im Dienst des Lebens selbst, hier vermitteln sie den „Geschmack am guten Leben" oder sie haben ihren Beruf als Therapeuten verfehlt.

Sie haben ihn auch dann und dann erst recht verfehlt, falls sie selbst den „Geschmack am guten Leben" noch nicht geschmeckt hätten oder ihn nicht mehr schmecken könnten und sich dann nicht schleunigst darum bemühten, ihn wiederzugewinnen. Sich darum immer wieder zu bemühen, auch wenn einem das Leben hier und da einen Streich gespielt hat, das gehört zum Berufsethos des Therapeuten.

Zu den impliziten Werten einer Therapie gehört also ein „Was", worum es geht, und ein „Wie", ein „Know-how". Doch wie vermitteln wir die genannten Werte, ohne sie zu predigen? Es geht nicht anders als durch die Art und die Ernsthaftigkeit unserer eigenen Bezogenheit, wie sie der Patient in der therapeutischen Beziehung erleben kann.

Die Ehrfurcht vor der Innenwelt vermittelte mir meine Lehrtherapeutin damals, wie gesagt, allein schon dadurch, dass sie eine Haltung der Achtsamkeit annahm, wenn ich einen Traum erzählte oder ein gemaltes Bild vorlegte als Botschaften aus dem Unbewussten – und enthielten sie auch manchmal komische Elemente wie die meines eigenen Initialtraums, in dem ich im Schwung, wie auf „Rollschuhen", wahrzunehmen hoffte.

Die Fähigkeit, Ehrfurcht und Humor miteinander zu verbinden, scheint eine Schlüsselqualifikation für heilsames Handeln und für das Aufnehmen von Heilsamem zu sein. „Das Heitere heilt ursprünglich", so Heidegger, der es begründet: „Das Heitere gewährt jeglichem Ding den Wesensraum, in den es seiner Wesensart nach gehört."[154] Ich kann das Thema „Heiterkeit in der Therapie" – ein großer Wert, wenn es um das Wiedergewinnen des Geschmacks am Leben geht – hier jedoch nur streifen.

Wie gelingt es solchen Botschaften aus dem Unbewussten, den Patienten zu Lebenswerten zu motivieren? Da träumt eine Frau im Alter von etwa vierzig Jahren einen schlichten, klaren Traum: Ein Mädchen steht vor seiner sehr beengten Wohnung, in die es seit Jahren wie eingesperrt gewesen war und aus der es nun endlich befreit worden ist. „Und jetzt sehe ich diese junge Frau vor mir stehen, im Freien: strahlend. Ihr Gesicht, ihre Gebärden, ihr ganzer Körper drücken Dankbarkeit aus." Die Frau, die dies träumte, ist von der Tatsache, dass das Mädchen befreit werden konnte, sehr beeindruckt, noch viel stärker aber von dem Ausdruck von Dankbarkeit, die das Mädchen im Traum ganz erfüllt. Die Träumerin ist von der überströmenden Dankbarkeit ihrer Traumfigur tief bewegt, fast erschüttert.

Begabt, wie sie ist, hatte diese Frau bisher alles in ihrem Leben, was glückte, einfach hingenommen. Über Schwierigkeiten hatte sie ungeduldig und ärgerlich werden können. Aber das viele, das ihr gelungen war, war ihr einfach selbstverständlich gewesen. Auch hatte sie nicht gerne jemand anderem als sich selbst etwas verdanken wollen. Diese ganze Einstellung wird ihr im Traum als ein Festgehaltensein in einer viel zu engen Wohnung, fast als eine Art von Gefangenschaft dargestellt. Der Wert, der ihr durch diesen Traum völlig neu ins Bewusstsein und ins Gefühl gerückt ist, ist der von Dankbarkeit als einer Art ganz neuem Geschmackssinn für das Leben. Diese Dankbarkeit vermittelt ihr eine neue, bis dahin noch völlig unvertraute Sicht auf ihr Leben und schließt ihr den „Geschmack am Leben" wirklich auf. Es wird ihr in ihrem Traum durch eine Figur gezeigt, hinter der sich eine Möglichkeit ihrer selbst verbirgt, die bisher im Schatten einer verengten Einstellung verblieben war.

Doch können im Traum auch andere Situationen auftauchen, die auf bisher unbeachtete, zuweilen sogar negativ besetzte Werte hindeuten und jetzt eine neue Bedeutung bekommen. Da bisher unbewusst und daher ungeübt, kommen solche Werte im Traum zunächst manchmal noch etwas unkultiviert daher. So wies der Traum einer sehr gehemmten Frau auf deren unbewusste Sehnsucht und vielleicht Fähigkeit hin, sich vom Leben endlich einmal etwas zu nehmen, träumte sie sich da doch als Seeräuberin, die sich von den gekaperten Schiffen alles holte, was sie brauchte.

Jung zufolge liegen im sogenannten Schatten eines Menschen, in seinen bewusst abgelehnten, von ihm als negativ empfundenen Seiten immer auch verborgene Werte, ein ungelebtes Leben oder, so nennt es Verena Kast, eine „subversive Lebenskraft".[155] Da zur ganzen Person eines Menschen jedoch immer auch das gehört, was für ihn im Schatten steht, übergeht Psychotherapie diesen „Schatten" nie. Akzeptanz des Schattens heißt aber, sich seiner bewusst zu werden und deshalb gerade nicht, ihm zu verfallen.

Bei C. G. Jung und Erich Neumann gründet sich auf der Wahrnehmung des Schattens vielmehr eine neue Konsequenz der Ethik[156]: eine offene Gewissensethik, die den eigenen Schatten nicht nur eingesteht, sondern ihn im Sinn einer „inneren Feindesliebe" in gewisser Weise annimmt oder zumindest anerkennt. In der Vorstellung C. G. Jungs von einer möglichen, ja nötigen Akzeptanz des Schattens liegt meines Erachtens eine der wertvollsten ethischen Implikationen seines Menschenbildes und der auf diesem beruhenden Psychotherapie

– eine Vorstellung, die eine wichtige sozialethische Konsequenz für eine global zusammenwachsende Gesellschaft enthält.

Wer nämlich den Schatten, das bisher Fremde, Unbekannte, Abgelehnte in sich selbst anerkennt und mitleben lässt, wer die neuen Lebenswerte darin entdeckt, der wird in der Begegnung mit Fremden nicht gleich dazu neigen, den eigenen Schatten auf diese zu projizieren, wird also nicht zu Ablehnung und Feindschaft tendieren, sondern im Kontakt und im Zusammenleben z. B. mit kulturell und religiös anders geprägten Menschen neue Lebenswerte und Lebensstile und bisher Ungelebtes, Ungewagtes entdecken.

Was wären wir ohne italienische Eisdielen, ohne türkische Grillspezialitäten, ohne feine orientalische und fernöstliche Speiserestaurants? Wie könnten unsere Partys überhaupt laufen ohne afroamerikanische und lateinamerikanische Musik und Tänze? Und was wären wir in Europa heute ohne indisches Yoga, japanisches Zen, ohne chinesische Akupunktur? Können wir das anfängliche Misstrauen gegen andere kulturelle Prägungen nicht längst in eine gewisse Neugier oder sogar echtes Interesse und eine Entdeckungsfreude auf diese doch aufregend „anderen" verwandeln?

Hier sei kurz die Frage eingeschoben: Wie gehen wir in der Therapie mit Wertvorstellungen unserer Patienten um, die sich mit unseren eigenen nicht vereinbaren lassen, zum Beispiel mit rechtsradikalen oder religiös fundamentalistischen? Auch hier gilt es zuerst zu fragen, was diese Werte den Patienten bedeuten, inwiefern es Lebenswerte für sie sind; ohne dieses Verständnis auch des Abwegigen geht es nicht. Wenn das gelingt, lassen sich die Patienten vielleicht aus ihrer Enge herausführen.

Ich halte es aber auch für möglich, den Patienten meine eigenen Wertvorstellungen zu nennen und mich mit ihnen darüber auseinanderzusetzen. Vor allem bietet die subjektstufige Deutung der Träume eine Möglichkeit, eine Aversion etwa gegen Menschen anderer Hautfarbe und anderer Kultur in die Entdeckung von „inneren anderen" zu verwandeln, als Seiten in uns selbst, die vielleicht etwas von dem Temperament und der eher lässigen Lebenskunst, die wir zum Beispiel den Südländern zuschreiben, an sich haben, oder vielleicht etwas von dem stillen Ernst eines jungen Syrers, der mitten am Tag eine geschützte Stelle in der Stadt sucht und findet, um sein gewohntes Gebet verrichten zu können.

Wer das Schattenkonzept akzeptiert, der hat Geschmack an der Ganzheit des Lebens gewonnen. Denn die Vorstellung, dass der Schatten zu unserer Vollständigkeit gehört, kann als Verbindung von inneren und äußeren Gegensätzen friedensstiftend wirken. Sie kann es uns zudem ermöglichen, um ein Vieles lebendiger zu werden, da sie abgespaltene und verdrängte Bereiche unserer Person und unserer Gesellschaft zu befreien verspricht. Auch eine neue Lebendigkeit ist solch ein Wert, den die Psychotherapie unter anderem durch Akzeptanz des bisher abgelehnten und verbannten Schattens freisetzen kann.

Damit habe ich bereits die sozialpsychologischen Implikationen des Jung'schen Therapiekonzepts angedeutet, selbst wenn es sich ursprünglich auf die Therapie der einzelnen Person bezieht. Unterschätzen wir jedoch die Reichweite dieser Perspektive nicht. Nach Jung bringt der Individuationsprozess eine Bewusstheit menschlicher Gemeinschaft hervor, weil er eben das alle Menschen verbindende und allen Menschen eigene Unbewusste näher an die Bewusstheit heranführt, anstatt den eigenen, wenig bewussten „Schatten" spontan auf Fremde, die sich diesem ähnlich verhalten, zu projizieren.

Diese Perspektiven wurden schon früh von forschenden Therapeuten wie Erich Neumann[157] oder Erich Fromm[158] bedacht, die auch sozialpsychologische und sozialtherapeutische Perspektiven einbeziehen. Von solchen sozialtherapeutischen Perspektiven können wir nur lernen, wenn wir nach einer neuen Sozialethik für die sich globalisierende Weltgesellschaft fragen, die nicht nur uns selbst, sondern möglichst vielen, möglichst allen den Geschmack am Leben wiedergeben könnte.

Wie auch immer Psychotherapie zu Werten motivieren mag, es gibt dafür viele Wege. Erich Fromm zufolge ist eine Therapie nur dann gelungen, wenn sie am Ende die „lebensfördernden Werte" freizusetzen vermag und wenn sie diese nicht nur bewusst gemacht, sondern auch den Geschmack an ihnen vermittelt hat. Einer der durchgehend behandelten Hauptwerte ist für Fromm dabei die „Biophilie"[159], die Liebe zum Leben und zum Lebendigen überhaupt, im Gegensatz zur „Nekrophilie", der pervertierten Hinneigung zu Totem, Kaputtem und Gescheitertem. Es gibt diese pervertierte Neigung zum Entwerten leider auch, und sie drückt sich nach Fromm in einer nekrophilen Grundeinstellung aus, für die der Ausspruch des Mephistopheles in Goethes Faust stehen mag, selbst wenn dieser dort noch differenzierter gemeint ist: „Denn alles, was entsteht, ist wert, dass es zugrunde geht".

Was aber wären demgegenüber lebensfördernde, biophile Werte? Der „Geschmack am guten Leben" hängt in hohem Grad von Beziehungswerten ab, davon, ob ich in einer guten, verlässlichen Beziehung stehe oder nicht. Oft hat das, wie wir wissen, schon damit zu tun, ob ich als Kind gute und verlässliche Beziehungspersonen hatte oder eher nicht, und damit, ob ich in meiner Körperlichkeit liebevoll wahrgenommen und aufgenommen wurde oder eher nicht. Aber selbst wenn ich dies nicht oder zu wenig gehabt hätte, dann hängt umso mehr davon ab, dass ich jetzt als Erwachsene eine gute, verlässliche Beziehung finde und eingehe.

Wo die Basiserfahrungen gefehlt haben, gerade da ist es unerlässlich, durch die therapeutische Beziehung Grunderfahrungen von Verlässlichkeit und Solidarität zu vermitteln, sie nicht zu lehren, sondern das Gegenüber erleben zu lassen. Bezogenheit und Verlässlichkeit werden, wenn sie erfahren wurden, als Beziehungswerte einen hohen Stellenwert für den Betreffenden bekommen. Oft wird er oder sie zunächst darauf warten, eine ähnliche Bezogenheit und Verlässlichkeit von einem Menschen außerhalb der Therapie erfahren zu können, bis er oder sie schließlich begreift, dass es darauf ankommt, selbst ein bezogener und verlässlicher Mensch zu werden.

Das wird aber nur gelingen, wenn der betreffende Mensch dazu Lust bekommen hat, selbst verlässlicher Mensch zu sein, wenn das gleichsam zu seinem neuen Ich-Ideal wird. Das bedeutet natürlich nicht, dass ich meine Fähigkeit zur Abgrenzung von anderen ganz hintanstelle, sondern vielmehr, sie in einer lebendigen Beziehung einzusetzen und sie dadurch zu differenzieren vermag. Es bedeutet, dass ich für meine Beziehungspartner und -partnerinnen in allem Ernst ein zuverlässiges Gegenüber werden möchte. Als Erstes werde ich bei diesem Bestreben entdecken, dass es einer gewissen Bezogenheit zu mir selbst, ja, einer Treue zu mir selbst bedarf – darauf wies vor allem der Psychoanalytiker Erik H. Erikson[160] immer wieder hin –, wenn ich für eine andere Person vertrauenerweckend sein möchte. Es kommt in der persönlichen Beziehung, aber auch in jeder Gruppe, zu der ich gehöre, in jeder kleineren oder größeren gesellschaftlichen Gemeinschaft heute darauf an, dass es Menschen gibt, auf die man zählen kann, gerade in der globalisierten Welt, wo so vieles und so viele austauschbar geworden sind.

Ein gutes Selbstwertgefühl zu haben, gehört sicherlich zum Geschmack am guten Leben – und deshalb tun viele sehr vieles dafür, solches zu gewinnen und zu erhalten. Dafür werden große Opfer gebracht, manche wagen sogar ihr Leben dafür, ob es nun in einer mutigen Unternehmung ist, einer Himalaja-Bergtour beispielsweise, oder ob jemand ein ertrinkendes Kind unter Lebensgefahr rettet. Beides sind Einsätze von unterschiedlichem moralischem Gewicht, zweifellos, aber das Selbstwertgefühl heben beide.

Den Geschmack an einem guten Selbstwert zu wecken, gehört sicherlich zu den Aufgaben einer Psychotherapie – und zu einer der schwierigsten überhaupt. Oft müssen wir tief in der frühen Kindheitsgeschichte der Betreffenden graben, um an die Hintergründe und Ursachen für ein gestörtes Selbstwertgefühl heranzukommen: Ablehnung des Kindes oder ein narzisstischer Missbrauch durch Eltern, die es mehr für sich selbst denn als es selbst haben wollten, stehen meist dahinter. Doch mit solcher Aufdeckung der Hintergründe ist ein fehlendes Selbstwertgefühl noch nicht wiedergewonnen, noch nicht neu aufgebaut. In der Psychotherapie geschieht dies durch die Annahme und Anerkennung, die wir einem Menschen entgegenbringen, wer und wie immer er derzeit ist. Unsere Annahme und Anerkennung gilt seinem Personsein, seinem „Geheimnisstand", seinem Selbst, dem, was sich als Wesenskern hinter jedem äußeren, auch klinischen Erscheinungsbild verbirgt.

Die respektvolle therapeutische Beziehung ist das eine, was einen fehlenden oder geringen Selbstwert aufbauen kann. Dazu gehört aber auch für die Patienten eine Wiederentdeckung ihrer selbst in ihrer leibhaftigen Existenz. Denn die Wiederentdeckung des Körpers mit all seinen Wahrnehmungen und Bewegungsmöglichkeiten, mit seinen Sinneseindrücken bis zur ursprünglichen Funktionslust all seiner Glieder kann gerade für einen Depressiven, eine Magersüchtige, aber auch eine durch Psychose Gefährdete ein neues Erleben ihrer selbst, Selbstwerterleben geben. Auch über bewusst werdende Sinneserfahrungen sollte im therapeutischen Dialog gesprochen werden können.

Das andere ist in einer Jung'schen Therapie das respektvolle Lauschen auf Botschaften aus dem Bereich, aus dem das bisher Unbekannte, Ungelebte dieser Person zu sprechen beginnen kann. In Träumen, Imaginationen und Fantasien kann nach und nach aus dem sogenannten vorläufigen Not-Ich heraus das eigentliche Selbst auftauchen und zur Erfahrung kommen. Indem dies erfahren wird, taucht der Selbstwert wieder auf.

„Was, das habe ich geträumt!?" oder: „Wirklich, das habe ich im Traum gewagt?", so wundert sich mancher und spürt damit, dass er im Traum eine Art von Probehandeln wagt, das gelingt. Ähnliches Probehandeln in der Fantasie und dessen therapeutische Wirksamkeit kennen und betonen weitere bewährte psychotherapeutische Methoden wie vor allem die „aktive Imagination", die C. G. Jung[161] entdeckte, wie auch das „katathyme Bilderleben", das Hanscarl Leuner entwickelte.[162] Auf die Dauer bleibt es nicht beim Probehandeln, sondern es kommt, angestiftet vom Traum und ermutigt durch die Therapeutin, zur Mutprobe. So verführte kürzlich ein entsprechender Traum eine von Kindheit an durch die überfordernde Mutter gehemmte Frau sie dazu, einen öffentlichen Vortrag zu halten, der ihr gut gelang – eine Erfahrung, die ihr vielleicht erstmals im Leben ein optimales Selbstwertgefühl und einen Geschmack am guten Leben einbrachte.

Ein anderer wagte, ermutigt durch einen Tagtraum, dessen Botschaft ich unterstützte, seiner überkritischen Frau in einer diffizilen Situation, in der er auszuweichen gewohnt war, seine ehrliche Meinung zu sagen. Auch dies ist ein hoher Gewinn an gutem Selbstwertgefühl und an Geschmack am Leben. Ein Dritter wagte es sogar, seinem reizbaren Chef über die wahre Lage des Unternehmens reinen Wein einzuschenken, auch dies auf einen entsprechenden Traum hin, dessen Realitätsgehalt sich bei unserem Gespräch darüber erst richtig herausstellte. Mut zu haben hebt den Selbstwert. Mut ist ein Wert in sich, und wäre es zunächst nur der Mut zur Angst.

Menschen ihres Selbstwerts wieder zu vergewissern, das ist das Ziel aller seriösen Schulen der Psychotherapie. Dem seines Selbstwerts bewusst gewordenen Menschen ist die Vorstellung nicht so fern, dass sein Leben auch wertvoll sein mag für das Ganze, dass er einer von jenen ist, die für seinen Lebenskreis, seine gesellschaftliche Gruppe zählen. Er möchte einer sein, mit dem man rechnen, auf den man sich verlassen kann.

Es kann zu einem neuen Ich-Ideal unter den Bedingungen der Globalisierung gehören, eine Person zu werden, auf die man zählen kann. Dies vermag beides, Zugehörigkeits- und Selbstwertgefühl, zu stärken. Zu lernen und zu üben wäre es in einer Gruppe, womöglich sogar in einer Großgruppe. Gibt es noch einen höheren Wert als diesen, zu dem wir motivieren möchten?

C. G. Jung war immer der Auffassung, dass die grundsätzlichen Probleme einer Lebensgeschichte eigentlich nicht zu lösen sind, im Sinn von Auflösen oder Aufheben, und dass sie sich stattdessen nur auf eine höhere Ebene hin überwachsen lassen, in einen größeren Horizont, in ein erweitertes Interesse hinein. In diesem Sinn möchte auch ich dazu motivieren, in diesen größeren Horizont der einen Welt und des einen Lebens hineinzuwachsen, weil man dadurch den Wert, ja, den Geschmack des guten Lebens wieder unmittelbarer auf der Zunge spüren kann.

Ein weiteres Interesse zu gewinnen als nur das am eigenen Leben hilft uns sehr, den Geschmack am guten Leben nicht zu verlieren. Je stärker das Interesse am Leben überhaupt, an der Menschen- und Lebensgemeinschaft auf dieser Erde wächst, zu der auch Tiere und Pflanzen zählen, desto tiefer ist das Zugehörigkeitsgefühl. Doch dies zu gewinnen, kann allenfalls das Ziel sein.

Vor Beginn einer Therapie ist es stattdessen nicht selten so, dass die Menschen, die wir vor uns haben, das Interesse am Leben fast gänzlich verloren haben. Oft sogar jedes Empfinden dafür. So bei Folteropfern, sexuell Missbrauchten, aber auch bei schwer Depressiven.

Wie wir uns schon verdeutlicht haben, vermag man allein über die Sinne bei Depressiven wieder erste Empfindungen, einen winzigen Geschmack am Leben zu erwecken, indem man sie z. B. anregt, doch wieder einmal etwas gut und kräftig Gewürztes zu sich zu nehmen, etwas, das einfach gut schmeckt. So kann man vielleicht einen auch physisch verloren gegangenen Geschmackssinn leise wieder aufwecken.

Es gilt dann, auch winzige Spuren des Geschmacks am Leben – eine kleine Neugier zum Beispiel – aufzuspüren und aufzugreifen: einen Duft, eine Farbe, ein Bild, eine Musik, ein Spiel, und sei es nur eine unwillkürliche Fangbewegung, die aufkommt, wenn man einen Ball zugeworfen bekommt. Damit kann man Menschen nicht nur bei Depression, sondern sogar bei beginnender Demenz noch einmal aufwecken, wie ich bei Experimenten dieser Art erfuhr.

Überhaupt das Körpergefühl wieder zu erwecken, das Körperselbst, an dem das Selbstwertgefühl ursprünglich hängt, ist ein ungeheurer Gewinn, was für die Körpertherapien verschiedener Schulen einen Orientierungshorizont bildet.

Interesse gilt es wiederzugewinnen, Interesse statt Langeweile und bittere Resignation. Wenn Interesse wiedergewonnen wird, hat die Therapie schon gewonnen! Denn: Interesse zu haben heißt, dazwischen zu sein, nicht mehr draußen, nicht mehr außen vor. Interesse braucht freilich Zeit, um zu entstehen, um sich um einen kleinen Anreiz herum aufzubauen, es braucht Geduld. Ein erster Ansatz ist z. B. schon, überhaupt Interesse an Therapie zu gewinnen, und sei es zuerst auch nur an einer bestimmten Therapeutin oder einem Therapeuten.

Interesse kommt auf, wann und wo wir mittun, mitgestalten können, in Gegenseitigkeit, wo es auf uns ankommt. Wenn uns alles abgenommen wird, erlahmen wir, so erging es uns schon als Kindern und so ergeht es uns in der Therapie, wenn das Setting zu wenig herausfordernd ist. Deshalb können auch Formen von Gruppentherapie die Begegnungen ermöglichen, neu beleben. Andererseits wissen wir: Ein jedes Interesse, das wir zu pflegen beginnen, gewinnt an Anziehungskraft. Mit einer gewissen Kennerschaft wächst die Freude daran.

Wenn aber Freude aufkommt, ist noch mehr gewonnen als beim bloßen Interesse. Denn im Moment der Freude spüren wir bereits den Geschmack am guten Leben. Dabei sind Interesse und Freude an sich noch keine Werte, sondern Emotionen, aber solche, die positiv wertende Funktionen haben.

Was nicht interessant ist, fällt von vornherein weg, so gut wie das, was keine Freude macht. Freuden aufzuspüren, und seien sie noch so klein, hilft wie nichts anderes, neue Lebenswerte zu finden. So frage ich Menschen, die in schlimmen Lagen zu mir kommen, jeweils auch nach dem, was sie trotz allem immer gern getan haben, was ihnen Freude gemacht hat.

So berichtete ein Mann nach einer lebensbedrohlichen Krebs-
diagnose, er sei wie nie zuvor in das Malen und Gestalten ein-
gestiegen, um sich seine innere Situation wirklich klarzuma-
chen und sie zu bestehen. Er überließ mir, wie schon erwähnt,
abschließend seine Bilderserie, damit ich sie anderen zeigen
und sie so von der inneren Wirksamkeit ebendieser sinnenhaften Seite Jung'scher Therapie überzeugen könne.

C. G. Jung hat selbst ein Leben lang immer wieder Bilder
gemalt, wenn es für ihn darum ging, eigene Probleme bewusster
zu erkennen, sie für sich selbst auszudrücken und überwachsen
zu können. Wo die Sinne erweckt und wach werden, kommt
zudem Freude auf. Diese aber kurbelt das System in unserem
Gehirn an, das uns belohnt, indem es uns wacher macht,
beweglicher, und starre Verhaltensmuster verändert. Es kurbelt
damit auch die Therapie an, weckt den Geschmack am Leben.

Wie schon erwähnt, hat Verena Kast die Idee weitergegeben,
eine Freudenbiografie zu formulieren.[163] Und das hieße, alle
die Freuden, die wir von Kindheit an erinnern, zusammenzu-
tragen. Es gibt keinen Menschen, so wage ich zu sagen, der
keine Freude gehabt hätte, gerade, wenn er auch die kleinen
mitzählte. Vor allem die Freuden aus der Zeit der Vorschul-
kindheit kommen zum Vorschein, angefangen bei einem Stoff-
tier, einem Roller, einem Lieblingsplatz unter dem Tisch, auf
einem Baum, bei einem Ballspiel. Daran zu erinnern und,
wenn möglich, das eine oder andere auf erwachsene Weise wieder zu aktivieren, zu fragen, wo diese oder jene Freude geblieben ist, gerade das bedeutet, den Geschmack am guten Leben
wieder aufzuspüren. Zudem hieße das, eingefahrene Verhaltensmuster wieder zu verändern. Aus der erlebten Freude heraus sind wir mitteilsam, großzügig, wollen die Freude teilen.
Nach einer gemeinsam erlebten Freude sind wir Menschen so
hilfsbereit, versöhnungsbereit, so spendenfreudig wie sonst nie,
solidarisch. Freudlosigkeit dagegen macht knauserig, geizig,
verschlossen, wie es oft Menschen sind, die sich vom Leben
nichts zu nehmen getrauen.

Viele der Dinge, die uns Freude machen, sind zudem mit Schönheit verbunden. Schönheit aber ist ein hoher Wert und von hohem Stellenwert, wenn es um den Geschmack am guten Leben geht. Und sie ist nur mit den Sinnen wahrnehmbar, die sich zu einem ästhetischen Sinn verfeinern können: ein besonderes Kleid, eine schöne Wohnung, ein gut gestalteter Platz in der Stadt, ein Bild, ein Gedicht, das uns ergreift, ein gut geschnittenes Gesicht, das wir immer wieder gerne ansehen. Wie hängt das mit der Wahrnehmung guter Proportion zusammen, mit äußerer und innerer Stimmigkeit. Solche Stimmigkeit des Schönen und dessen vertiefte Betrachtung kann auch in uns selbst das Gefühl für Stimmigkeit wachrufen, das Gefühl, vor einem runden Ganzen zu stehen, das in uns selbst das Gefühl für das Runde und Ganze, die Sehnsucht danach wieder weckt.

Wenn ich Schönheit wirklich erfahre, so subjektiv dies sein mag, stimmt für einen Augenblick des ergriffenen Staunens das Leben wieder, da schmecke ich seinen Geschmack. Solche Erlebnisse auch bei anderen Menschen herauszufinden, zu erfragen, sich erzählen zu lassen und mitschwingend zu unterstreichen, ist etwas, das zur Freudenbiografie gehört und was den Geschmack am guten Leben wiedererwecken und verstärken kann.

Eigentlich nichts Nennenswertes sei in dem ganzen Monat passiert, seitdem wir uns nicht mehr gesehen hatten, sagte mir eine depressive Patientin mit der klanglosen Stimme, die sie meistens hat, nur – sie zögert, und ich frage zurück – nur die Cézanne-Ausstellung habe sie in dieser Zeit besucht. Und von dem Moment an wird sie munter. Da ich diese besondere Ausstellung zufällig ebenfalls besucht hatte, gab es eine ganze Stunde des Gesprächs über das, was Cézanne ihr bedeutet, was er uns bedeutet. „Er weckt das Licht zwischen den Dingen", sagte sie auf einmal ganz poetisch, und „er macht alles stimmig zueinander." Kein Zweifel, sie schmeckte in diesen Stunden vor Cézannes Bildern und in unserem Gespräch darüber den

Geschmack am guten Leben. Dazu gehört natürlich nicht nur, dass es mir selbst schmeckt, sondern dass es überhaupt schmeckt. Geht es doch nicht nur um mein Leben, sondern um das Leben überhaupt. Es schmeckt nicht so recht, wenn jemand neben mir hungert, während ich esse. Es schmeckt auch dann nicht so recht, wenn die Lebensmittel mit Umweltgiften belastet, wenn sie genmanipuliert sind. Das Leben schmeckt nicht, wie es schmecken könnte, wenn die Orte, die uns eben noch Rückzugsorte waren, aus reiner Profitgier rücksichtslos verbaut werden oder wenn dies gar unsere Wohnorte sind, wo die letzte Aussicht auf die Natur verschwindet wie auch die letzte lärmfreie Zone. Neben so manchen Möglichkeiten zu beglückenden Erfahrungen, die ich benannt habe, könnte ich auch ausgesprochen bedrückende nennen, die uns das Leben vergällen möchten, und doch möchte ich mich hier – auch um der Verdaulichkeit willen – auf die Perspektive konzentrieren, unter der wir vielleicht noch mitwirken können.

Viele unserer Patienten tragen uns die Problematik der genannten Krisen direkt in die Therapie hinein, mehr noch, sie nennen sie als Gründe dafür, warum ihnen ihr Leben zeitweise vergällt ist, indem sie sich z. B. von der Klimagefährdung und den damit verbundenen Vorgängen in der Umwelt bis in ihre Träume hinein verfolgt fühlen. Vor Jahren, unmittelbar nach dem Supergau von Tschernobyl, wurde mir der Traum erzählt, in dem einem Atomtechniker befohlen wurde, von der verstrahlten Erde zu essen. Er solle sich so nahe wie nur irgend möglich mit ihr einlassen, sich körperlich mit ihr verbinden, um wirklich zu spüren, was atomare Verstrahlung für die Erde bedeutet. Seither konnte er dem Thema und damit seiner Verantwortung nicht mehr ausweichen.

Diese Themen sind auch objektstufig zu interpretieren, das heißt, sie sind in Träumen als Vorgänge in der realen Umwelt und nicht nur als Symbole für persönliche Probleme der Träumer zu verstehen. Beim Versuch der subjektstufigen Deutung zeigt sich freilich, dass manche Menschen ihre persönlichen

Probleme z. B. auf solche Umweltthemen projizieren. Dies gilt es zu klären, um die Ängste wieder an ihre eigentliche Stelle in einer Lebensgeschichte zu rücken und dort zu bewältigen.

Es ist jedoch wichtig, diese Träume ebenso als Widerspiegelung einer bedrängenden Realität der Außenwirklichkeit ernst zu nehmen, also als etwas, das diese Personen nicht nur aufgrund ihrer Angstbereitschaft und Überängstlichkeit wahrnehmen, sondern aufgrund ihres gesunden Realismus und ihres wachen Gewissens im Blick auf das Leben. Deshalb kommt es darauf an, solche teils noch unbewussten Ängste bewusst zu machen und, wenn möglich, in eine Verantwortungsbereitschaft für das Leben zu verwandeln. Dabei sollten wir gegenüber dem Ohnmachtsgefühl bei lokalen oder globalen Entwicklungen dennoch nicht auf die Frage verzichten, wo wir doch noch zu handeln vermögen, wie wir also dem Leben treu bleiben können, trotz aller Hindernisse, wo und wie wir mitgestalten können und vielleicht sogar mitgestalten müssen.

Epikur, der schon erwähnte Philosoph des ersten nachchristlichen Jahrhunderts, der ebenfalls in einer nicht gerade problemlosen Zeit lebte, kam auf die Frage nach einer grundsätzlichen Einstellung zu öffentlichen Krisen zu sprechen. Es käme jeweils darauf an, so meinte er, das herauszufinden, was ein jeder an seinem Platz und von seinem Platz aus bewirken könne, anstatt sich im Blick auf all das zu verlieren, worauf man eben keinen Einfluss nehmen könne.

Den Geschmack, den Sinn für das Ganze zu behalten, bedeutet nicht nur, Mitverantwortung zu übernehmen, sondern zunächst einmal Zugehörigkeit zu erkennen zu diesem großen Ganzen, Anteil an ihm zu haben bis in die Zellen unseres Körpers hinein. Das aber heißt zu erkennen, dass wir uns dieser großen Gemeinschaft alles Lebendigen verdanken. Letztlich bedeutet es sogar, in Liebe zugehörig zu sein, das Leben zu bejahen inmitten von anderem Leben. Diesen Horizont hat uns seinerzeit Albert Schweitzer[164] eröffnet. Erst hieraus kann Mitverantwortung, Ethos erwachsen. Schon in der theologisch begründeten Ethik seit Paulus und Luther erwächst jedes wirkliche ethische Tun aus dem zuvor erlebten Angenommensein, aus Dankbarkeit, Freude und Zugehörigkeitsgefühl.

Aus Liebe und Anhänglichkeit an „diese grüne Erde" (George Bernard Shaw) mit ihren blühenden Bäumen, ihrer duftenden Frische nach den Regengüssen, ihrer summenden Hitze über den Feldern, aus Liebe – was unendlich viel mehr ist als bloß aus Moral – gehören wir zu ihr und stehen wir für sie ein.

# Vom Umgang mit Angst und Krisen

Gibt es nicht doch etwas wie eine Schlüsselqualifikation dafür, wie wir mit den gegenwärtigen Bedrohungen unserer Welt und unserer Selbst umgehen können, um sie bestehen zu lernen, sie jedenfalls nicht verleugnen zu müssen, weder die Krisen noch die Angst?

Könnte es nicht die Fähigkeit sein, mit Angst umzugehen?[165] Wie aber sie erwerben oder sie gar an Patienten vermitteln, die zusätzlich unter zahlreichen inneren Ängsten aus ihrer persönlichen Lebensgeschichte heraus leiden? Wie überhaupt mit der Angst umgehen?

Ein Beispiel dazu, zunächst noch nicht auf die globalen Krisen bezogen, sondern auf das persönliche Erleben eines schwer erkrankten Menschen: Der Mann, Mitte dreißig, berichtet von einer Operation an der Vene seines rechten Beins, vor der er so erhebliche Angst entwickelt hat, dass er bei deren Beginn, wie er lachend und schaudernd zugleich berichtet, sich selbst mit den Zähnen klappern hörte. Die Hauptangst hat er vor dem Einstich in die Wirbelsäule, da eine Anästhesie der unteren Körperhälfte vorgesehen ist. Er gesteht sich die Angst davor durchaus ein, doch kann er sie – jedenfalls vor sich selbst – in dem Moment einfach nicht mehr beherrschen. Autogenes Training, das er sonst bei Zuständen von Beklemmung gut anzuwenden weiß, funktioniert hier nicht. Er empfindet seinen Zustand als Niederlage, der Körper hat Angst, vor allem auch vor einer möglichen Komplikation, die eine Querschnittslähmung sein könnte. Äußerlich kann er sich so weit beherrschen, dass man es ihm nicht anmerkt, innerlich ist er in Panik. Der unersetzliche Wert eines bewegungsfähigen Körpers wird ihm in diesen Stunden überaus deutlich bewusst.

155

Wodurch wurde diese Angst schließlich gebannt? Durch eine „gestandene OP-Schwester", wie er sagt, die im Operationssaal einfach zu ihm kommt, den Arm um ihn legt und ihm wie selbstverständlich sagt: „Das ist jetzt der schlimmste Moment. Da gehen wir miteinander durch."

Dieses Miteinander, dieses „Wir", die beherzte und herzliche Berührung seines Körpers und vor allem das selbstverständliche Voraussetzen und Akzeptieren seiner Angst tun ihm unerwartet gut. Die Angst weicht, und er kann den Einsatz der Betäubung und Stunden später die Rückkehr seiner Empfindungsfähigkeit ohne Panik abwarten und zulassen.

Das Wichtigste, das er aus diesem Erlebnis gewinnt, ist die Erfahrung, dass zugelassene und ausgesprochene Angst sehr viel leichter zu ertragen ist als verdrängte oder bloß äußerlich beherrschte. Auch ist es die Erfahrung, dass die natürliche Angst nichts ist, dessen man sich zu schämen braucht. Schließlich bringt sie ihn als Warnfunktion schon vor der Zeit der Operation zur äußersten Umsicht in der Wahl seiner Behandlung sowie der Ärzte und der Klinik. So konnte er bereits eine Weile zuvor persönlichen Kontakt aufnehmen mit dem behandelnden Chirurgen und den Pflegekräften. Nicht weniger wichtig ist für ihn das Erlebnis, dass der Kontakt mit einem in solchen Eingriffen erfahrenen Menschen, nicht zuletzt die damit verbundene kurze körperliche Berührung das war, was die Panikbereitschaft, in der er sich befand, aufzufangen vermochte. Die Geste der Berührung beruhigt die Angst des Körpers wie nichts anderes.

Auch dass kein illusionäres Versprechen gemacht, das Restrisiko einer solchen Anästhesie nicht verschleiert, sondern nichts anderes versprochen wurde als Solidarität, gerade dies wirkte so vertrauenswürdig auf diesen kritischen, ansonsten nicht überängstlichen Mann. Was diese Begegnung mit der OP-Schwester ihm brachte, war „Mut zur Angst" oder, wie er es ausdrückte: „Augen auf und durch!" – im Gegensatz zu der üblichen Auffassung, es gehe darum, die Augen zuzumachen, um durchzukommen.

Bewusst durch die Angst hindurchzugehen, darauf käme es als einer Schlüsselqualifikation im Umgang mit den Ängsten an, die eine krisengeschüttelte Welt mit sich bringt. Die Angst zu benennen, vermag zu verhindern, dass sie uns als etwas Unheimliches in den Rücken fällt, und gibt ihr ein Gesicht. So kann sie ihre warnende Funktion erfüllen und unsere Ressourcen zur Bewältigung der Situation freisetzen.

Ebenso wichtig ist ein Zusammenrücken der Menschen unter der Gefahr: ein Aufsuchen erfahrener, im Umgang mit dieser Gefahr kompetenter Menschen. Zur Angstbewältigung kann gehören, einander den Rücken zu stützen, sich an die Hand zu nehmen, vor allem jedoch einander anzublicken, zusammenzustehen.

Gerade dies aber, einander über die körperliche Nähe aufzufangen, war uns während der Coronapandemie verwehrt, was viele in eine große Verlassenheit und in hilflose Einsamkeit stürzte. Eine ganze Sammlung von Träumen verschiedener Menschen aus der Zeit der Coronakrise, die von dem Durchlebten sprechen, wurden mir anvertraut, nicht zuletzt, damit ich sie weitersagen könnte.[166]

Zugleich wurde unter der Infektionsgefahr unsere Fähigkeit, einander im Sprechen nahe zu sein, auf unvergleichliche Weise behindert und entbehrt – und auf andere Weise wiedergefunden. Dazu gehörte die Entdeckung, einander durch Mailen, Videoanrufe und Streamen nahe zu kommen, weit über die längst bekannten Möglichkeiten des Telefonierens und des Handykontaktes hinaus.

Ganze Vortragsreihen, vor allem aber ganze therapeutische Praxen und therapeutische Gespräche konnten durch diese Medien in Gang gehalten werden, ohne einander zu nahe zu kommen. Nach dem Abklingen der akuten Gefahr aber: Welch ungeheure Frische und Intensität gewannen da die Wiederbegegnungen! Einander wieder gegenüber zu sitzen während des therapeutischen Gesprächs, einander wieder in die Augen sehen zu können, in der Mimik, in den Worten wieder einander zu folgen, die ganze konkrete Atmosphäre einer therapeutischen Begegnung wieder aufzunehmen! Wie bewusst wurde einem die Bedeutung dieses konkreten körperlichen Begegnens. Welch ein Unterschied zwischen den beiden Situationen während der heißen Phasen der Pandemie und nach ihrem jeweiligen Abklingen – auch wenn man dessen nie ganz sicher sein konnte. Die fünf Sinne durften wieder anspringen und mitschwingen. Welch ein Glücksgefühl!

Nach dem Abflauen der gefährlichsten Ansteckungsphasen dann endlich das Ablegen der Masken, der Blick in das offene Gesicht des anderen, in seine, in ihre Augen, die Wahrnehmung des Gesichts in seinem ganzen Ausdruck, der Mimik, des Körpers in seinen ganzen Ausdrucks- und Bewegungsnuancen. So miteinander zu reden, dass die Gefahr nicht verschleiert, aber auch nicht über ihre wirkliche Größe hinaus aufgebläht wird, so miteinander zu reden, dass man einander der Solidarität im gemeinsamen Hindurchgehen versichert und sie einander auch gibt, darauf kam und kommt es an, vor allem in Zeiten persönlicher Katastrophen wie dem Scheitern einer Beziehung, einem beruflichen Zusammenbruch, der Diagnose einer lebensbedrohenden Krankheit.

Eine entscheidende Hilfe im Umgang mit der Angst ist die schon zu Anfang genannte Möglichkeit, sich jeweils an der nahen, sinnenhaft greifbaren Wirklichkeit festzuhalten, zum Beispiel zuerst einmal ein Glas Wasser zu trinken oder sich mit einem lebendigen Gegenüber zusammenzusetzen, ehe man sich durch eine indirekte, ungreifbare, zum Beispiel ausschließlich durch Medien vermittelte Wirklichkeit gänzlich aus der Fassung bringen lässt. Darüber hinaus gilt es, die inneren Quellen und Ressourcen des Unbewussten anzuzapfen, die Träume sowie die Tagträume zu befragen, unsere Wurzeln zu vertiefen, je heftiger der Sturm in unsere Kronen greift. Aber auch weiterführende Möglichkeiten zur Lösung der Außenweltprobleme können sich in Träumen zeigen.

Jeder Mensch hat Abwehrmechanismen und Abwehrstrategien gegen die Angst, vor allem eine gewisse Abspaltungstendenz durch Rationalisierung, die ihn oft über die kritischsten Momente hinwegrettet und Zeit gewinnen lässt, damit er von der Angst nicht überwältigt wird. Dies ist vom Leben her sinnvoll.

Verdrängte Angst aber wirkt sich besonders ungünstig aus, zum Beispiel in kontraphobischem Verhalten, das nach vorne prescht, als ob es die Angst nicht gäbe. Wichtig ist stattdessen, sie zulassen zu können, da sie uns einmal mehr mit unseren Gefühlen in Kontakt bringt, aber auch mit den Werten, an denen wir wirklich hängen. Angst kommt da auf, wo wichtige Lebenswerte in Gefahr geraten, sie hat eine Warnfunktion, die uns aufruft, das Bedrohte zu verteidigen und kreativ zu werden, um neue Kompetenzen zu entwickeln. Not lehrt nicht nur beten, sondern auch handeln.

Wenn sich aber der bedrohte Wert nicht mehr verteidigen lässt, gilt es, loslassen zu können, um sich vielleicht auf einen nächsthöheren Wert zu besinnen. Die Wohnung zu verlassen, im Stich zu lassen, um sicherer zu überleben – und sei es auch zunächst in einer provisorischen, aber bombengeschützten Umgebung, das war schon im Zweiten Weltkrieg geboten wie jetzt während des Krieges in der Ukraine, und brachte mehr als das Verbleiben im eigenen Haus, das die Familie in einer bombenbedrohten Stadt festhielt. Deshalb sagte meine Mutter, als das Haus schließlich in Trümmern vor uns lag den für mich befreienden Satz: „DIE Sorge wären wir los." Vergleichbar wird es Menschen während des Ukrainekrieges ergehen, wenn sie in U-Bahn-Schächten Zuflucht suchen, anstatt ihre bombenbedrohte Wohnung zu bewachen.

Eine zweite Möglichkeit ist es, der Angst immer wieder, soweit das irgend geht, die Hoffnung entgegenzuhalten; und zwar nicht eine illusionäre Hoffnung, sondern diejenige, die Ernst Bloch meint, wenn er sagt: „Hoffnung ersäuft die Angst."[167] Hoffnung hat für ihn nichts Illusionäres an sich, sondern heißt, sich jeweils ganz bewusst auf eine lebendige Zukunft hin zu entwerfen. Für Bloch sind nicht nur die Tagträume des Einzelnen, sondern die Tagträume der Menschheit immer schon Entwürfe auf eine Zukunft des Lebens, auf eine lebenswerte Zukunft hin, da sie sich aus der dankbaren Erinnerung an wirklich geglückte Momente des bisherigen Lebens speisen, auch von Behütung und Rettung aus großer Gefahr. Vielleicht gilt doch auch im Großen das Polaritätsprinzip, auf das Jung sich grundsätzlich bezieht, dass nämlich alle extrem einseitigen Verhältnisse polare Kräfte, Gegenkräfte auf den Plan rufen müssen. Ich meine, sie sind längst auf dem Plan.

Der Mensch muss jedoch ungeteilt dabei sein und sich dafür bereithalten, Durchbruchserfahrungen im Unscheinbaren zu machen und wahrzunehmen. Angst nämlich ist auch die Angst des ungelebten Lebens in uns, das fürchtet, sich nicht verwirklichen zu können. Dabei geht es um eine Angst, die bewusst macht, was wir am Leben lieben. Ein solcher Umgang mit Angst wäre auch im politischen und soziokulturellen Bereich gefragt: Statt Panikmache, wie wir sie so oft als aufgeregtes Aufzählen all dessen erleben, was in Gefahr ist – wobei nicht selten diejenigen, die das tun, ihre manipulierende Macht über die Gemüter genießen –, um sich dann als die rettende Autorität hinzustellen, wäre vielmehr eine gewisse Gelassenheit gefragt. Gelassenheit meint grundsätzlich nicht die Sicherheit, dass sich Schicksalsschläge vermeiden ließen. Gelassenheit bedeutet vielmehr, mit solchen Modalitäten zu leben und dennoch nicht zu verzagen, da wir noch lebendig sind. Gelassenheit ist auch eine Form der alten Tugend der Tapferkeit. Sie beruht auf einem letzten Vertrauen ins Leben.

Hierher gehört wohl auch der Traum eines Kollegen, der von einer unabweisbaren inneren Stimme aufgefordert wurde, zu der brodelnden Menge zu sprechen, die sich in diesem Traum auf dem Platz vor ihm versammelt hatte, wohl um wieder einmal gegen staatliche Maßnahmen, die als Schutz gedacht waren, zu protestieren. Der Träumer war auf eine solche Aufforderung aus seinem Inneren heraus nicht gefasst gewesen, er bekam Angst und zunächst verschlug es ihm den Atem und die Stimme. Schließlich kam ihm doch eine Idee, womit er die brodelnd protestierende Menge erreichen könnte, wobei er wusste: Etwas ganz Unverfängliches, etwas ganz Unideologisches müsste es sein. Und so fragte er in die Menge hinein, ob man wohl für eine sportliche Entspannungsübung bereit sei, ob er sie wohl dazu einladen dürfe. Überrascht und etwas amüsiert hörten die Einzelnen hin und immer mehr von ihnen schienen sich darauf einzulassen. Da begann der Kollege in seinem Traum mit einer Art Atemübung. Er bat die Teilnehmer, tief einzuatmen und noch tiefer auszuatmen, dabei ihre Füße wieder zu spüren und damit auch den Ort, an dem sie wirklich stehen. Dann erneut tief einzuatmen. Er spürte, wie die Menschen ruhiger wurden, wie die Einzelnen wieder zu sich kamen, ihren eigenen Standort wieder spürten, statt einfach hinter den Anführern und der Menge herzulaufen. Ruhe breitete sich aus, Entspannung. So träumte unser Kollege.[168]

Die Angst zuzulassen, damit sie ihre warnende Funktion erfüllen und uns den Ernst der Lage z. B. im Blick auf Klima und Ökologie nahebringen kann, ist jedoch Voraussetzung dafür, die Gefahr wirklich zu erkennen und Verantwortung zu übernehmen durch ein Zusammenkommen, ein Zusammentreten angesichts der Gefahr, ein Herausfinden der noch vorhandenen Möglichkeiten. Wir müssen ihr begegnen, um dann entschlossen zu handeln. Es geht darum, die dem Lebendigen eingestiftete Hoffnung, den elementaren Lebenswillen als kreative Kraft gerade auch unter schwierigen Umständen durchzutragen und wiederzugewinnen. Auch die gemeinsam zugelassene Trauer um Vergebenes, Verlorenes vermag zusammenzuschließen und wie alle Trauer auch Trost enthalten.

Vertrauen ist letztlich eine spirituelle Kategorie und wäre auch, falls sich einmal nichts mehr retten ließe, eine menschliche Möglichkeit, in das Leben selbst hineinzusterben, das den Tod kennt, ihn für jedes Einzelwesen vorgesehen hat, und sich damit aufnehmen zu lassen von einem größeren Ganzen. Zuvor aber gilt es, das Leben zu lieben, mit aller Leidenschaft, derer wir fähig sind. Alles Lebendinge um uns, Pflanze und Tier, will leben – so auch das Lebendinge in uns.

Am Ende des Lebens erhebt sich noch einmal die Frage, ob es erfüllt oder unerfüllt geblieben ist. Dazu findet sich in einer lokalen Zeitung, dem *Tagesanzeiger* von St. Gallen ein Interview mit Prof. Steffen Eychmüller, dem Chefarzt des universitären Zentrums für Palliative Care am Inselspital in Bern, in dem er gefragt wird: „Von welcher Patientin, welchem Patienten haben Sie selbst am meisten gelernt?" Seine Antwort: „Besonders in Erinnerung bleibt mir eine Patientin, deren persönliches Ziel es war, ihr Leben mit all ihren Sinnen – Schmecken, Riechen, Fühlen, Hören, Tasten – so intensiv wie nur möglich wahrzunehmen. Sie hatte extrem wenig Probleme, das Leben zu verlassen, obwohl sie nicht sehr alt war. Das hat mich beeindruckt." Und er fügt hinzu: „Ich glaube, Menschen lechzen danach, die ganze Intensität des Lebens zu spüren. Ich glaube, wir müssen unbedingt darüber reden, was am Lebensende – das dieser Patientin unmittelbar bevorstand – heilsam ist. Das sind nicht nur Medikamente, sondern Berührung, Beziehung, und oft einfach nur Ruhe."[169]

Wer hingegeben lebt, so lehrt die Erfahrung, kann auch sich hingebend sterben, wenn es dran ist. Denn alles, was des Lebens und der Liebe wert ist in diesem Leben, öffnet uns zum großen Ganzen hin, welches das kleinere Ich transzendiert.

Indem wir Angst überhaupt zulassen, werden wir uns bewusst, dass es auch Aufweckendes hat, sich der Angst zu stellen. Sie führt uns dazu, uns auf unser eigentliches Wesen, zu dem unsere Emotionalität gehört, zu besinnen. Sie macht uns den Wert unseres Lebens bewusst, den Wert der Werte, den wir am Ende unseres Lebens gewonnen haben möchten: den Sinn.

Den Geschmack guten Lebens selbst so intensiv zu spüren, dass wir – gerade, wenn wir in pflegenden, in ärztlichen oder therapeutischen Berufen stehen – auch unsere Patienten auf diesen Geschmack bringen können, darauf kommt es an. „Heilen" heißt nichts anderes, als den Geschmack am Leben immer wieder zu wecken, ihn wiederzugewinnen.

Jeden Tag, den wir erleben, sind wir neu eingeladen, uns miteinander an den Tisch des Lebens zu setzen und unbefangen von dem zu nehmen, zu kosten, was es für uns bereithält – selbst wenn wir gestern in Not gewesen wären und morgen wieder in Not geraten sollten. Wir sind eingeladen, zu hören, zu sehen, zu riechen, zu berühren und zu schmecken, was es heute für uns gibt. Gastgeber ist das Leben selbst. Wer wäre wohl diesem großen Gastgeber lieber als dankbare Gäste, die freudig zugreifen.

# Anmerkungen

1   Rainer Maria Rilke, Gott spricht zu jedem nur, eh er ihn macht, in: Rainer Maria Rilke: Werke in 3 Bänden, Band 1: Gedichtzyklen, Frankfurt a. Main 1966, S. 50.

2   Antonio Damasio, Ich fühle, also bin ich. Die Entschlüsselung des Bewusstseins, München 2014.

3   John J. Ratey, Das menschliche Gehirn, München 2006, S. 86; Patrick Imhasli/Maria Bräm, Unsere fünf Sinne. Wie sie funktionieren, in: René Donzé/Franziska Pfister (Hrsg.), Die Kraft der Sinne. Wie wir sehen, hören, tasten, riechen, schmecken, Basel/Berlin 2016, S. 69–84.

4   Albert Camus, Der Mythos von Sisyphos, Reinbek bei Hamburg 2000, S. 15; 25.

5   Die Insel Mainau ist die drittgrößte Insel im Bodensee. Von Graf Lennart Bernadotte und durch dessen Familie in bedeutende gärtnerische Anlagen zu einer „Blumeninsel" ausgebaut, auf der u. a. sogar subtropische Pflanzen gedeihen.

6   Siehe dazu: Michael Furger/Christof Gertsch, Die perfekte Verführung. Wie der Geruchssinn unsere Gefühle beeinflusst, in: René Donzé/Franziska Pfister (Hrsg.), Die Kraft der Sinne, a. a. O., S. 98; Rachel Herz, Weil ich dich riechen kann: Der fünfte Sinn und sein Geheimnis, München 2009.

7   Eva Heuberger/Iris Stappen/Regula Rudolf von Rohr, Riechen und Fühlen: Wie Geruchssinn, Ängste und Depressionen zusammenspielen – Neue Wege der Behandlung, Munderfing 2017.

8   Verena Kast, Freude, Inspiration, Hoffnung, Ostfildern 2013.

9   Patrick Imhasli/Maria Bräm, Unsere fünf Sinne. Wie sie funktionieren, in: René Donzé/Franziska Pfister (Hrsg.), Die Kraft der Sinne, a. a. O., S. 72.

10   Gordon M. Shepherd gilt als Begründer der Neurogastronomie. Ders., Neurogastronomy: How the Brain creates Flavor and Why It Matters, Columbia 2011.

11   Michael Furger/Christof Gertsch, Die perfekte Verführung, in: René Donzé/Franziska Pfister, Die Kraft der Sinne, a. a. O., S. 93–95.

12   Eduard Mörike, Sämtliche Gedichte in einem Band, Frankfurt a. Main 2001, S. 254.

13   Verena Kast, Imagination – Zugänge zu inneren Ressourcen finden, Ostfildern 2012.

14   Siehe dazu: Marianne Klaar (Hrsg.), Tochter des Zitronenbaums. Märchen aus Rhodos, Kassel 1970.

15   Michael Furger/Christof Gertsch, Die perfekte Verführung, in: René Donzé/Franziska Pfister (Hrsg.), Die Kraft der Sinne, a. a. O., S. 93–110.

16   René Donzé/Franziska Pfister (Hrsg.), Die Kraft der Sinne, a. a. O., S. 97ff.

17   John J. Ratey, Das menschliche Gehirn, a. a. O., S. 85–87.

18  Ebd.

19  Ebd.

20  Hanns Hatt/Regine Dee, Das Maiglöckchen-Phänomen. Dem Rätsel des Riechens auf der Spur, München 2008; dies., Das kleine Buch vom Riechen und Schmecken, München 2018.

21  Alfred Drees, Prismatische Psychologie. Gespräche mit deutungsfreien Phantasien und bindungsfreien Emotionen, um Leiden zu entlasten – das Ich zu stärken, Berlin 2011; ders., Poesie und Prismatik in Psychotherapien, Aachen 2015.

22  Christian Morgenstern, Gesammelte Werke, München 1981, S. 252.

23  Vgl dazu: Aloys Prinz/David J. Richter, Feinstaubbelastung und Lebenserwartung in Deutschland, Berlin 2021.

24  Ina Seidel, Gedichte, Kreuzberg 2017.

25  Ingrid Riedel, Wenn Mütter und Töchter einander suchen. Die Trauer der Demeter und Persephones Wiederkehr – ein lebendiger Mythos, Stuttgart 2003, S. 22–24.

26  Zitiert nach: Ingrid Riedel, Hildegard von Bingen – Prophetin der kosmischen Weisheit, Freiburg 2014, S. 11.

27  Ebd., S. 174.

28  John J. Ratey, Das menschliche Gehirn, a. a. O., S. 85.

29  Badische Zeitung vom 19. März 2003.

30  Ebd.

31  Ebd.

32  René Donzé/Franziska Pfister (Hrsg.), Die Kraft der Sinne, a. a. O., S. 131.

33  Capsaicin ist ein in verschiedenen Paprikaarten natürlich vorkommendes Alkaloid, das Bitterkeit und Schärfe hervorruft und damit die Freisetzung von Neuropeptiden. Wird in zahlreichen Heilmitteln verwendet; siehe dazu: René Donzé/Franziska Pfister (Hrsg.), Die Kraft der Sinne, a. a. O., S. 131.

34  Klaus-Detlef Müller/Werner Hecht/Jan Knopf (Hrsg.), Bertolt Brecht, Werke. Große kommentierte Berliner und Frankfurter Ausgabe, Frankfurt a. Main 1997.

35  Carl Zuckmayer, Gedichte, Frankfurt a. Main 1977.

36  Während der Schwangerschaft hat man meist durch hormonelle Veränderungen geschärfte Geschmacksknospen, dann wird z. B. Kaffee als zu bitter empfunden; siehe dazu: René Donzé/Franziska Pfister (Hrsg.), Die Kraft der Sinne, a. a. O., S. 131f.

37  John J. Ratey, Das menschliche Gehirn, a. a. O., S. 85; 87.

38  Ulrike Till, Was tun gegen Geruchsverlust nach Covid? In: SWR Wissen vom 20.06.2022 (https://www.spectrum.spaetfolgen). Fazit: Seit die Omikron-Variante des Virus verbreitet ist, kommt es zu weniger Geruchsstörungen als bei den Alpha- und Delta-Varianten, dennoch leiden zahlreiche Menschen unter den Spätfolgen der Infektion. Der Virus kann Nervenzellen in der Nase schädigen, es kommt zur Anosmie. Riechtraining hilft einem Drittel der Betroffenen. Zudem gibt es neue Behandlungsansätze mit Vitamin A und thrombozytenreichem Plasma aus dem eigenen Blut.

166

39 Hermann Broch, Massen Psychologie. Gesammelte Werke, Zürich 1959.
40 Ebd.
41 Hans Magnus Enzensberger, Verteidigung der Wölfe, Berlin 1957, S. 26.
42 Hartmut Grunwald, Homo hapticus: Warum wir ohne Tastsinn nicht leben können, München 2017, S. 9; 10; 20.
43 Nicole Althaus, Ich fühle, also bin ich. Wie sich die menschlichen Sinne entwickeln, in: René Donzé/Franziska Pfister (Hrsg.), Die Kraft der Sinne, a. a. O., S. 93–110.
44 Hartmut Grunwald, Homo hapticus: Warum wir ohne Tastsinn nicht leben können, a. a. O.
45 Ebd., S. 207–212.
46 Ebd., S. 163–165.
47 Ebd., S. 46.
48 Christine Koschel/Inge von Weidenbaum/Clemens Münster (Hrsg.), Ingeborg Bachmann. Werke, Band 1, München/Zürich 1978, S. 136.
49 Siehe dazu: Ingrid Riedel, Hans, mein Igel. Wie ein abgelehntes Kind sein Glück findet, Stuttgart 2001.
50 Hanns-Josef Ortheil, Die große Liebe, München 2003, S. 162.
51 Ebd.
52 John J. Ratey, Das menschliche Gehirn, a. a. O., S. 58; 92.
53 Edward R. Perl, Ideen über Schmerz. Eine historische Sicht. Nature Reviews Neuroscience 8 (2007), S. 71–80.
54 Hartmut Grunwald, Homo Hapticus: Warum wir ohne Tastsinn nicht leben können, a. a. O., S. 46.
55 Ebd., S. 96 f.
56 John J. Ratey, Das menschliche Gehirn, a. a. O., S. 96; auch in: René Donzé/Franziska Pfister (Hrsg.), Die Kraft der Sinne, a. a. O., S. 58.
57 Ebd.
58 Ebd.
59 Hartmut Grunwald, Homo hapticus: Warum wir ohne Tastsinn nicht leben können, a. a. O., S. 147–150; auch in: John J. Ratey, Das menschliche Gehirn, a. a. O., S. 107.
60 John J. Ratey, Das menschliche Gehirn, a. a. O., S. 108 f.; auch in: Hartmut Grunwald, Homo hapticus: Warum wir ohne Tastsinn nicht leben können, a. a. O., S. 120–122; 140–145.
61 Hartmut Grunwald, Homo hapticus: Warum wir ohne Tastsinn nicht leben können, a. a. O., S. 170–173.
62 Nicole Althaus, Ich fühle, also bin ich. Wie sich die menschlichen Sinne entwickeln, in: René Donzé/Franziska Pfister (Hrsg.), Die Kraft der Sinne, a. a. O., S. 7; 11–26; John J. Ratey, Das menschliche Gehirn, a. a. O., S. 108 ff.
63 So zum Beispiel in: Ilse Middendorf, Der erfahrbare Atem. Eine Atemlehre, Paderborn 1985.
64 Hartmut Grunwald, Homo hapticus: Warum wir ohne Tastsinn nicht leben können, a. a. O., S. 76.
65 Ebd., S. 76; 195 ff.; 204–207.

66 Ebd., S. 53 ff.; 151 ff.

67 Joachim Ernst Berendt, Nada Brahma. Die Welt ist Klang, Reinbek bei Hamburg 1996.

68 Der Spiegel, Nr. 31 vom 28.06.2003, S. 130–140.

69 Hartmut Grunwald, Homo hapticus: Warum wir ohne Tastsinn nicht leben können, a. a. O., S. 63 ff.; 67 ff.

70 Joachim Ernst Berendt, Das dritte Ohr. Vom Hören der Welt, Battweiler 2008.

71 Thomas Geissmann, Vergleichende Primatologie, Heidelberg 2002.

72 Patrick Imhasli/Maria Bräm, Unsere fünf Sinne. Wie sie funktionieren, in: René Donzé/Franziska Pfister (Hrsg.), Die Kraft der Sinne, a. a. O., S. 74.

73 Manfred Spitzer, Musik im Kopf: Hören, Musizieren, Verstehen und Erleben im neuronalen Netzwerk, Stuttgart 2002.

74 John Sloboda, Music and Emotion: Theory and Research, Oxford 2001. Sloboda ist Mitbegründer einer musikpsychologischen Forschung.

75 Eckhart Altenmüller, Die Kunst des Musizierens. Von den physiologischen und psychologischen Grundbedingungen zur Praxis, Mainz 2013.

76 Sandra Lutz-Hochreutener, Spiel – Musik – Therapie: Methoden der Musiktherapie mit Kindern und Jugendlichen, Göttingen 2009, S. 11, 74 f.

77 Ebd., S. 74.

78 Ebd., S. 60 f.; 75; 80 f.; 85.

79 Vgl. René Donzé/Franziska Pfister (Hrsg.), Die Kraft der Sinne, a. a. O., S. 58 ff.

80 Johann Wolfgang Goethe, Türmerlied, Faust II, 5. Auftritt, in: Johann Wolfgang Goethe, Faust, kommentiert von Erich Trunz, München 2018.

81 Christine Koschel/Inge von Weidenbaum/Clemens Münster (Hrsg.), Ingeborg Bachmann, Werke, a. a. O., S. 136.

82 Ebd.

83 Ingrid Riedel, Die Symbolik der Farben. Eine tiefenpsychologische Farbenlehre, Ostfildern 2022.

84 Christa Henzler/Ingrid Riedel, Maltherapie – Auf Basis der analytischen Psychologie C. G. Jungs, Ostfildern 2016.

85 Johann Wolfgang Goethe, Die Tafeln zur Farbenlehre und deren Erklärungen, Leipzig 1994.

86 Ingrid Riedel, Formen. Tiefenpsychologische Deutung von Kreis, Kreuz, Quadrat, Dreieck, Spirale und Mandala, Stuttgart 2002.

87 Ingrid Riedel, Engel der Wandlung. Paul Klees Engelbilder, Ostfildern 2018, darin Paul Klee, „Der Engel vom Stern", Abb. 41, S. 181 ff.

88 Ingeborg Bachmann, Prag, Jänner, in: Christine Koschel/Inge von Weidenbaum/Clemens Münster (Hrsg.), Ingeborg Bachmann, Werke, a. a. O., S. 169.

89 Heinz Kohut, Narzißmus: Eine Theorie der psychoanalytischen Behandlung narzißtischer Persönlichkeitsstörungen, Berlin 1976, S. 141.

90 Gerald Hüther, Die Macht der inneren Bilder. Wie Visionen das Gehirn, den Menschen und die Welt verändern, Göttingen 2014, S. 8 f.; 81.

91 Gabriela Mistral, Gedichte, München/Zürich 1991, S. 31.

92 Johann Wolfgang Goethe, Werke. Hamburger Ausgabe. Band 13. Wissenschaftliche Schriften, Hamburg 2008, S. 161 ff.

93 Verena Kast, Imagination – Zugänge zu inneren Ressourcen finden, a. a. O.

94 Rose Ausländer, Im Aschenregen die Spur deines Namens. Gedichte und Prosa 1976. Werke Gesamtausgabe, Band 4, Frankfurt a. Main 1984, S. 42.

95 Patrick Imhasli/Maria Bräm, Unsere fünf Sinne. Wie sie funktionieren, in: René Donzé/Franziska Pfister (Hrsg.), Die Kraft der Sinne, a. a. O., S. 71.

96 Selbstfindung im Loslassen – Bilderserie eines Krebskranken, in: Christa Henzler/Ingrid Riedel, Maltherapie – Auf Basis der analytischen Psychologie C. G. Jungs, a. a. O., S. 106–131.

97 Christine Koschel/Inge von Weidenbaum/Clemens Münster (Hrsg.), Ingeborg Bachmann, Werke, Band 1, a. a. O., S. 136.

98 Albert Camus, Hochzeit des Lichts, Zürich 2018, S. 4; 10.

99 Marion Giebel u. a. (Hrsg.), Seneca. Briefe an Lucilius, Brief 23.1, Ditzingen 2020.

100 Sigmund Freud, Gesammelte Werke, Band 14, Frankfurt a. Main 1948, S. 419 ff.

101 Heiko Ernst, Das gute Leben. Der ehrliche Weg zum Glück, Berlin 2002.

102 Dorothee Sölle/Fulbert Steffensky, Gott und das Glück, Interview in: Deutsches Allgemeines Sonntagsblatt Nr. 37/1998.

103 https://www.dorothee-soelle.de/mit-dorothee-sölle/audioangebot-letzter-vortrag-und-gespräch/.

104 C. G. Jung, Gesammelte Werke, Band 8: Die Dynamik des Unbewussten, Ostfildern 2021, u. a. § 425.

105 Giovanni A. Fava, Nicht krank ist nicht gesund genug, Stuttgart 2022.

106 Stefan Klein, Die Glücksformel oder wie die guten Gefühle entstehen, Hamburg 2002, Anm. 128.

107 Verena Kast, Freude, Inspiration, Hoffnung, a. a. O.

108 Selbstfindung im Loslassen – Bilder eines Krebskranken, in: Christa Henzler/Ingrid Riedel, Maltherapie – Auf der Basis der analytischen Psychologie von C. G. Jung, a. a. O., S. 109–136.

109 Verena Kast, Freude, Inspiration Hoffnung, a. a. O., S. 72–76.

110 Ebd., S. 72.

111 Ebd.

112 Hans Magnus Enzensberger, Verteidigung der Wölfe, Frankfurt a. Main 1957, S. 26.

113 Ebd.

114 Ilse Middendorf, Der erfahrbare Atem. Eine Atemlehre, a. a. O.

115 Halko Weiss/Michael E. Harrer/Thomas Dietz, Das Achtsamkeitsbuch. Grundlagen – Übungen – Anwendungen, Stuttgart 2019.

116 Otfried Höffe (Hrsg.), Aristoteles-Lexikon, Stuttgart 2005, S. 216–221.

117 Eudaimonia bezeichnet den ausgeglichenen Gemütszustand, der mit einer gelungenen Lebensführung nach den Anforderungen einer philosophischen Ethik verbunden ist.

118 Rainer Nickel, Epikur. Wege zum Glück, Mannheim 2011; Sarah Pola, Konzeptionen von Glück. Aristoteles und Epikur, München 2009.

119 Mihály Czíkszentmihályi, Flow im Beruf. Das Geheimnis des Glücks am Arbeitsplatz, Stuttgart 2004, S. 140 ff.

120 Zitiert in: Stefan Klein, Die Glücksformel oder wie die guten Gefühle entstehen, a. a. O., S. 152; 178.

121 Michael Persinger, Das Gehirn. Die wichtigsten Antworten, Freiburg 2007.

122 C. G. Jung, Gesammelte Werke, Band 9/II, Sonderausgabe, 6. Aufl. Edition C. G. Jung, Ostfildern 2023, § 232.

123 Rick Hanson/Richard Mendine, Das Gehirn eines Buddha. Die angewandte Neurowissenschaft: Glück, Liebe und Weisheit, Freiburg 2010.

124 Dalai Lama, Ethik ist wichtiger als Religion, Elsbethen 2018.

125 Dorothee Sölle/Fulbert Steffensky, Gott und das Glück, Interview in: Deutsches Allgemeines Sonntagsblatt Nr. 37/1998.

126 Ebd.

127 Jürg Willi, Therapie der Zweierbeziehung, Reinbek bei Hamburg 1978, S. 157.

128 Peter A. Levine, Sprache ohne Worte, München 2011.

129 Marktforschungsinstitut ISPA: Umfrage am Valentinstag 2022. Der Umfrage nach empfinden 85% der Deutschen immer wieder Glück in ihrer Ehe bzw. festen Beziehung.

130 Dorothee Sölle, fliegen lernen. gedichte, Berlin 1979, S. 35.

131 Irvin D. Yalom/Marilyn Yalom, Unzertrennlich. Über den Tod und das Leben, München 2022.

132 Klaus L. Berghahn, Friedrich Schiller. Über die ästhetische Erziehung des Menschengeschlechts in einer Reihe von Briefen, Ditzingen 2000, Brief 16.

133 Rosa Luxemburg, Briefe aus dem Gefängnis, Berlin 2019, S. 31.

134 Siehe das Netzwerk „Dankbar leben": https://www.dankbar-leben.org.

135 Gerhard Schulze, Schöne Neue Gesundheitswelt, Bern 2016.

136 Eckart von Hirschhausen, Glück als Nebenwirkung gelingenden Lebens, in: GEO kompakt Nr. 58, 2019, S. 193.

137 https://soulsweet.de/blog/gluecksforschung/.

138 Tatjana Schnell, Psychologie des Lebenssinns, Berlin 2016; Jörg Zirfas, Präsenz und Ewigkeit. Eine Anthologie des Glücks, Berlin 1993; Dietrich Reimer: www.sinnerforschung.org.

139 Jon Kabat Zinn, Achtsamkeit für Anfänger, Freiburg i. Br. 2019; ders., Achtsamkeit und Meditation im täglichen Leben, Freiburg i. Br. 2007.

140 Charles V. W. Brooks, Erleben durch die Sinne, Paderborn 1995.

141 Verena Kast, Alles nur geträumt?, in: René Donzé/Franziska Pfister (Hrsg.), Die Kraft der Sinne a. a. O., S. 157–170.

142 Ingrid Riedel, Träume zum Zeitgeschehen. Vom Umgang mit den Träumen, in: dies., Vom Entdecken der inneren Welt. Horizonte der Tiefenpsychologie heute, Ostfildern 2022, S. 11 ff.; S. 23–27.

143 Verena Kast, Abschied von der Opferrolle, Freiburg 2019.

144 Christa Henzler/Ingrid Riedel, Maltherapie – Auf Basis der Analytischen Psychologie C. G. Jungs, a. a. O.

145 Dora Kalff, Sandspiel. Seine therapeutische Wirkung auf die Psyche, Neuausgabe, München 2022.

146 Doris Titze, Die Kunst der Kunst-Therapie, 9 Bände, Dresden 2005–2020.

147 Sandra Lutz-Hochreutener, Spiel – Musik – Therapie: Methoden der Musiktherapie mit Kindern und Jugendlichen, a. a. O.

148 Detlef Kappert, Tanz zwischen Kunst und Therapie, Berlin 2010.

149 Hanscarl Leuner, Katathymes Bilderleben mit Kindern und Jugendlichen, München 1997; Yochanan Rywerant, Die Feldenkrais-Methode. Lehren durch Behandlung, Karlsruhe 2020; Fritz Perls, Grundlagen der Gestalt-Therapie, Stuttgart 2007; Ilse Middendorf, Der erfahrbare Atem. Eine Atemlehre, a. a. O.; Gudrun Achatz-Petz, Entstehung und Entwicklung der Konzentrativen Bewegungstherapie, Saarbrücken 2008.

150 Vgl. C. G. Jung, GW 9/II: Aion. Beiträge zur Symbolik des Selbst. Hg. von Lilly Jung-Merker, Elisabeth Rüf, Sonderausgabe, 6. Aufl. Edition C. G. Jung, Ostfildern 2023; ders., Von den Wurzeln des Bewußtseins. Studien über den Archetypus (Psychologische Abhandlungen, 9.), Zürich 1954 (heute in: GW 8; GW 9/I; GW 11; GW 13; GW 18/II); ders., Kap. VI: Die Konjunktion, Abschnitt 10: Das Selbst und die erkenntnistheoretische Beschränkung, in: GW 14/II: Mysterium Coniunctionis. Untersuchungen über die Trennung und Zusammensetzung der seelischen Gegensätze in der Alchemie. Hg. von Lilly Jung-Merker, Elisabeth Rüf, Sonderausgabe, 6. Aufl. Edition C. G. Jung, Ostfildern 2023, §§ 431–444.

151 Eckhart Wiesenhütter, Therapie der Person, Stuttgart 1969, S. 1.

152 C. G. Jung, Die Psychologie der Übertragung, in: Gesammelte Werke 16, 3. Aufl., Ostfildern 1995, § 445.

153 Alessandra Lemma, Der Körper der Analytikerin und das psychoanalytische Setting, in: dies., Der Körper spricht immer. Körperlichkeit in psychoanalytischen Therapien und jenseits der Couch, Frankfurt a. Main 2018, S. 189–214.

154 Martin Heidegger, Erläuterungen zu Hölderlins Dichtung, Frankfurt a. Main 2012, zitiert nach: Verena Kast, Vom Sinn der Angst, Freiburg i. Br. 2015.

155 Verena Kast, Der Schatten in uns. Die subversive Lebenskraft, Düseldorf 1999, S. 52.

156 Erich Neumann, Tiefenpsychologie und neue Ethik, Frankfurt a. Main 1997, S. 1 f.

157 Ebd.

158 Erich Fromm, Die Seele des Menschen. Ihre Fähigkeit zum Guten und zum Bösen, Gesamtausgabe, Band 2, München 1989.

159 Ingrid Riedel, Erich Fromms Ehtik der Biophilie, in: Horizonte der Tiefenpsychologie heute, Ostfildern 2022, S. 130–136.

160 Erik H. Erikson, Identität und Lebenszyklus, Frankfurt a. Main 1973.

161 C. G. Jung, Gesammelte Werke 13, 3. Aufl., Ostfildern 1995, § 23, erarbei-
tet von Verena Kast in: dies., Imagination – Zugänge zu inneren Ressourcen
finden, a. a. O.; siehe auch: Brigitte Dorst, Ralf T. Vogel, Aktive Imagination.
Schöpferisch leben aus inneren Bildern, Stuttgart 2014.

162 Hanscarl Leuner, Katathymes Bilderleben mit Kindern und Jugendlichen,
a. a. O.

163 Verena Kast, Freude, Inspiration, Hoffnung, a. a. O.

164 Albert Schweitzer, Ehrfurcht vor dem Leben. Grundtexte aus 5 Jahrzehnten,
München 2013.

165 Verena Kast, Vom Umgang mit Angst und Krisen, in: Christiane Neuen
(Hrsg.): Gelassenheit. Vom Umgang mit Angst und Krisen, Düsseldorf/
Zürich 2004.

166 Ingrid Riedel, Vom Entdecken der inneren Welt. Horizonte der Tiefenpsychologie heute, a. a. O., S. 11–22.

167 Ernst Bloch, Das Prinzip Hoffnung, Frankfurt a. Main 2013, S. 1.

168 Ingrid Riedel, Von den Sinnen zum Sinn, in: dies., Vom Entdecken der
inneren Welt. Horizonte der Tiefenpsychologie heute, a. a. O., S. 29–52.

169 Tagesanzeiger St. Gallen vom 28.07.2022, S. 33; dazu auch Steffen
Eychmüller/Sibylle Felber, Das Lebensende und ich, Bern 2022.

# Literaturverzeichnis

Gudrun Achatz-Petz, Entstehung und Entwicklung der Konzentrativen Bewegungstherapie, Saarbrücken 2008

Eckhart Altenmüller, Renate Klöppel, Die Kunst des Musizierens. Von den physiologischen und psychologischen Grundlagen zur Praxis, Mainz 2013

Rose Ausländer, Im Aschenregen die Spur deines Namens. Gedichte und Prosa 1976. Gesamtausgabe, Band 4, Frankfurt a. Main 1984

Badische Zeitung vom 19. März 2003

Joachim Ernst Berendt, Das dritte Ohr. Vom Hören der Welt, Battweiler 2008

Joachim Ernst Berendt, Nada Brahma. Die Welt ist Klang, Reinbek bei Hamburg 1996

Klaus L. Berghahn, Friedrich Schiller. Über die ästhetische Erziehung des Menschengeschlechts, Ditzingen 2000

Ernst Bloch, Das Prinzip Hoffnung, Frankfurt a. Main 2013

Hermann Broch, Massen Psychologie. Gesammelte Werke, Zürich 1959

Charles V. W. Brooks, Erleben durch die Sinne, Paderborn 1995

Albert Camus, Der Mythos von Sisyphos, Reinbek bei Hamburg 2000

Albert Camus, Hochzeit des Lichts, Zürich 2018

Mihály Csíkszentmihályi, Flow im Beruf. Das Geheimnis des Glücks am Arbeitsplatz, Stuttgart 2004

Dalai Lama, Ethik ist wichtiger als Religion, Elsbethen 2018

Antonio Damasio, Ich fühle, also bin ich. Die Entschlüsselung des Bewusstseins, München 2014

Der Spiegel, Nr. 31 vom 28.06.2003, S. 130–140

René Donzé/Franziska Pfister (Hrsg.), Die Kraft der Sinne. Wie wir sehen, hören, tasten, riechen, schmecken, Basel/Berlin 2016

Brigitte Dorst/Ralf T. Vogel, Aktive Imagination. Schöpferisch leben aus inneren Bildern, Stuttgart 2014

Alfred Drees, Poesie und Prismatik in Psychotherapien, Aachen 2015

Alfred Drees, Prismatische Psychologie. Gespräche mit deutungsfreien Phantasien und bindungsfreien Emotionen, um Leiden zu entlasten – das Ich zu stärken, Berlin 2011

Hans Magnus Enzensberger, Die Gedichte, Frankfurt a. Main 1983

Hans Magnus Enzensberger, Verteidigung der Wölfe, Frankfurt a. Main 1957

Erik H. Erikson, Identität und Lebenszyklus, Frankfurt a. Main 1973

Heiko Ernst, Das gute Leben. Der ehrliche Weg zum Glück, Berlin 2003

Steffen Eychmüller/Sibylle Felber, Das Lebensende und ich, Bern 2022

Thomas Geissmann, Vergleichende Primatologie, Heidelberg 2002

Giovanni A. Fava, Nicht krank ist nicht gesund genug, Stuttgart 2022

Sigmund Freud, Gesammelte Werke, Frankfurt a. Main 1948 f.

Erich Fromm, Die Seele des Menschen. Ihre Fähigkeit zum Guten und zum Bösen, Gesamtausgabe, Bd. 2, München 1989

Marion Giebel u. a. (Hrsg.), Seneca. Briefe an Lucilius, Ditzingen 2020

Johann Wolfgang Goethe, Die Tafeln zur Farbenlehre und deren Erklärungen, Leipzig 1994

Johann Wolfgang Goethe, Faust, kommentiert von Erich Trunz, München 2018

Johann Wolfgang Goethe, Werke. Hamburger Ausgabe. Band 13. Wissenschaftliche Schriften, Hamburg 2008

Hartmut Grunwald, Homo hapticus: Warum wir ohne Tastsinn nicht leben können, München 2017

Rick Hanson/Richard Mendine, Das Gehirn eines Buddha. Die angewandte Neurowissenschaft: Glück, Liebe und Weisheit, Freiburg 2010

Hanns Hatt/Regine Dee, Das kleine Buch vom Riechen und Schmecken, München 2018

Hanns Hatt/Regine Dee, Das Maiglöckchen-Phänomen. Dem Rätsel des Riechens auf der Spur, München 2008

Christa Henzler/Ingrid Riedel, Maltherapie – Auf Basis der analytischen Psychologie C. G. Jungs, Ostfildern 2016

Rachel Herz, Weil ich dich riechen kann: Der fünfte Sinn und sein Geheimnis, München 2009

Eva Heuberger/Iris Stappen/Regula Rudolf von Rohr, Riechen und Fühlen: Wie Geruchssinn, Ängste und Depressionen zusammenspielen – Neue Wege der Behandlung, Munderfing 2017

Eckart von Hirschhausen, Glück als Nebenwirkung gelingenden Lebens, in: GEO kompakt Nr. 58, 2019, S. 193

Otfried Höffe (Hrsg.), Aristoteles-Lexikon, Stuttgart 2005

Gerald Hüther, Die Macht der inneren Bilder. Wie Visionen das Gehirn, den Menschen und die Welt verändern, Göttingen 2014

C. G. Jung, Gesammelte Werke, 20 Bd., Hg. von Marianne Niehus-Jung; Lena Hurwitz-Eisner; Franz Riklin; Lilly Jung-Merker; Elisabeth Rüf; Leonie Zander, Sonderausgabe, Edition C. G. Jung im Patmos Verlag, Ostfildern 2011ff.

Dora Kalff, Sandspiel. Seine therapeutische Wirkung auf die Psyche, München 2022

Detlef Kappert, Tanz zwischen Kunst und Therapie, Berlin 2010

Verena Kast, Abschied von der Opferrolle, Freiburg 2019

Verena Kast, Der Schatten in uns. Die subversive Lebenskraft, Düsseldorf 1999

Verena Kast, Freude, Inspiration, Hoffnung, Ostfildern 2013.

Verena Kast, Imagination – Zugänge zu inneren Ressourcen finden, Ostfildern 2012.

Verena Kast, Vom Sinn der Angst, Freiburg i. Br. 2016

Marianne Klaar (Hrsg.), Tochter des Zitronenbaums. Märchen aus Rhodos, Kassel 1970

Stefan Klein, Die Glücksformel oder wie die guten Gefühle entstehen, Hamburg 2002

Heinz Kohut, Narzißmus: Eine Theorie der psychoanalytischen Behandlung narzißtischer Persönlichkeitsstörungen, Berlin 1976

Christine Koschel/Inge von Weidenbaum/Clemens Münster (Hrsg.), Ingeborg Bachmann, Werke, München/Zürich 2010

Alessandra Lemma, Der Körper spricht immer. Körperlichkeit in psychoanalytischen Therapien und jenseits der Couch, Frankfurt a. Main 2018

Hanscarl Leuner, Katathymes Bilderleben mit Kindern und Jugendlichen, München 1997

Peter A. Levine, Sprache ohne Worte. Wie unser Körper Trauma verarbeitet und uns in die innere Balance zurückführt, München 2011

Sandra Lutz-Hochreutener, Spiel – Musik – Therapie: Methoden der Musiktherapie mit Kindern und Jugendlichen, Göttingen 2009

Rosa Luxemburg, Briefe aus dem Gefängnis, Berlin 2015

Ilse Middendorf, Der erfahrbare Atem. Eine Atemlehre, Paderborn 1985

Gabriela Mistral, Gedichte, München/Zürich 1991

Eduard Mörike, Sämtliche Gedichte in einem Band, Frankfurt/Main 2001

Christian Morgenstern, Gesammelte Werke, München 1981

Klaus-Detlef Müller/Werner Hecht/Jan Knopf (Hrsg.), Bertolt Brecht, Werke, Frankfurt a. Main 1997

Christiane Neuen (Hrsg.), Gelassenheit. Vom Umgang mit Angst und Krisen, Düsseldorf/Zürich 2004

Erich Neumann, Tiefenpsychologie und neue Ethik, Frankfurt a. Main 1997

Rainer Nickel, Epikur. Wege zum Glück, Mannheim 2011

Hanns-Josef Ortheil, Die große Liebe, München 2003

Edward R. Perl, Ideen über Schmerz. Eine historische Sicht. Nature Reviews Neuroscience 8 (2007), S. 71–80

Fritz Perls, Grundlagen der Gestalt-Therapie, Stuttgart 2007

Michael Persinger, Das Gehirn. Die wichtigsten Antworten, Freiburg i. Breisgau 2007

Sarah Pola, Konzeptionen von Glück. Aristoteles und Epikur, München 2009

Aloys Prinz/David J. Richter, Feinstaubbelastung und Lebenserwartung in Deutschland: https://link.springer.com/article/10.1007/s11943-021-00292-1

John J. Ratey, Das menschliche Gehirn, München 2006

Ingrid Riedel, Vom Entdecken der inneren Welt. Horizonte der Tiefenpsychologie heute, Ostfildern 2022

Ingrid Riedel, Die Symbolik der Farben. Eine tiefenpsychologische Farbenlehre, Ostfildern 2022

Ingrid Riedel, Engel der Wandlung. Paul Klees Engelbilder, Ostfildern 2018

Ingrid Riedel, Formen. Tiefenpsychologische Deutung von Kreis, Kreuz, Quadrat, Dreieck, Spirale und Mandala, Stuttgart 2002

Ingrid Riedel, Hans mein Igel. Wie ein abgelehntes Kind sein Glück findet, Stuttgart 2001

Ingrid Riedel, Hildegard von Bingen – Prophetin der kosmischen Weisheit, Freiburg i. Breisgau 2014

Ingrid Riedel, Wenn Mütter und Töchter einander suchen. Die Trauer der Demeter und Persephones Wiederkehr – ein lebendiger Mythos, Stuttgart 2003

Rainer Maria Rilke, Werke in 3 Bänden, Band 1, Frankfurt a. Main 1966

Yochanan Rywerant, Die Feldenkrais-Methode. Lehren durch Behandlung, Karlsruhe 2020

Tatjana Schnell, Psychologie des Lebenssinns, Berlin 2016

Gerhard Schulze, Schöne Neue Gesundheitswelt, Bern 2016

Albert Schweitzer, Ehrfurcht vor dem Leben. Grundtexte aus 5 Jahrzehnten, München 2013

Ina Seidel, Gedichte, Kreuzberg 2017

Dorothee Sölle: fliegen lernen. gedichte, Berlin 1979

Dorothee Sölle/Fulbert Steffensky, „Glück ist mein Grund-Gefühl", Interview im Deutschen Allgemeinen Sonntagsblatt Nr. 37/1998

Gordon M. Shepherd, Neurogastronomy: How the Brain creates Flavor and Why It Matters, Columbia 2011

John Sloboda (u. a.), Music and Emotion: Theory and Research, Oxford 2001

Manfred Spitzer, Musik im Kopf: Hören, Musizieren, Verstehen und Erleben im neuronalen Netzwerk, Stuttgart 2002

Tagesanzeiger St. Gallen vom 28.07.2022, S. 33

Ulrike Till, Was tun gegen Geruchsverlust nach Covid? In: SWR Wissen vom 20.06.2022 (https://www.spectrum.spaetfolgen)

Doris Titze, Die Kunst der Kunst-Therapie, 9 Bände, Dresden 2005–2020

Halko Weiss/Michael E. Harrer/Thomas Dietz, Das Achtsamkeitsbuch. Grundlagen – Übungen – Anwendungen, Stuttgart 2019

Eckhart Wiesenhütter, Therapie der Person, Stuttgart 1969

Jürg Willi, Die Zweierbeziehung, Reinbek bei Hamburg 1978

Irvin D. Yalom/Marilyn Yalom, Unzertrennlich. Über den Tod und das Leben, München 2022

Jon Kabat Zinn, Achtsamkeit für Anfänger, Freiburg i. Breisgau 2019

Jon Kabat Zinn, Achtsamkeit und Meditation im täglichen Leben, Freiburg i. Breisgau 2007

Jörg Zirfas, Präsenz und Ewigkeit. Eine Anthologie des Glücks, Berlin 1993

Carl Zuckmayer, Gedichte, Frankfurt a. Main 1977

# Textnachweis

S. 86: Ingeborg Bachmann: Werke, Bd. 1. Gedichte © 1978 Piper Verlag GmbH, München

S. 92: Rose Ausländer, Im Ascheregen die Spur deines Namens. Gedichte und Prosa 1976. Werke. Bd. 4 © 1984, S. Fischer Verlag GmbH, Frankfurt am Main